La réflexologie

à la portée de tous

Catalogage avant publication de Bibliothèque et Archives Canada

Barry, Sarah

La réflexologie à la portée de tous
    2e édition
    (Collection Santé naturelle)
    ISBN 2-7640-1059-1
    1. Réflexologie (Thérapeutique). I. Titre. II. Collection: Collection Santé naturelle
(Éditions Quebecor).

RM723.R43B38 2006   615.8'224   C2005-942124-X

LES ÉDITIONS QUEBECOR
Une division de Éditions Quebecor Média inc.
7, chemin Bates
Outremont (Québec)
H2V 4V7
Tél.: (514) 270-1746
www.quebecoreditions.com

© 2006, Les Éditions Quebecor, pour la présente édition
Bibliothèque et Archives Canada

Éditeur: Jacques Simard
Conception de la couverture: Bernard Langlois
Illustration de la couverture: GettyImages

Nous reconnaissons l'aide financière du gouvernement du Canada par l'entremise du Programme d'aide au développement de l'Industrie de l'édition (PADIÉ) pour nos activités d'édition.

Gouvernement du Québec – Programme de crédit d'impôt pour l'édition de livres – Gestion SODEC.

Imprimé au Canada

SARAH BARRY

La réflexologie
à la portée de tous

LES ÉDITIONS
Quebecor
QUEBECOR MEDIA

INTRODUCTION

BONHEUR, PROSPÉRITÉ ET SANTÉ!

Ces vœux, on se les offre mutuellement chaque année. Cependant, tous les individus n'en ont pas la même perception. À quinze ans, on croit généralement que la naissance d'un amour suffit amplement pour être heureux; à vingt-cinq ans, on rêve à la fortune, à la réussite professionnelle et, outre l'amour, on veut posséder sa maison, sa voiture, son entreprise, sa piscine, etc.; à trente-cinq ans, l'âge où souvent apparaissent les malaises, petits et grands, on se rend compte que sans une bonne santé, physique et mentale, le bonheur et la prospérité sont quasiment impossibles. Et c'est alors que l'on prend conscience que le bon fonctionnement de notre machine corporelle ne va pas nécessairement de soi, que la santé n'est pas un acquis mais qu'elle se gagne, est méritée et s'entretient, que notre corps et notre esprit ont besoin de soins et d'attentions.

Il est curieux de constater combien les gens prennent soin de leur voiture et que, parallèlement, ils se montrent si négligents lorsqu'il s'agit du maintien et du bon fonctionnement des différents organes qui composent le véhicule qui leur permet pourtant de se mouvoir, de respirer, de manger, de vivre!

Les malaises et les maladies sont des grains de sable qui embarrassent et désorganisent les engrenages normalement bien huilés de nos divers mécanismes. Malheureusement, on ne se rend compte de la nécessité de leur bon entretien que lorsqu'ils nous trahissent. Un beau matin, on se réveille aux prises avec le nerf sciatique coincé, le foie engorgé, des migraines récurrentes, des douleurs à l'estomac, des difficultés respiratoires... À ce moment, ni l'existence d'un partenaire de vie, si amoureux soit-il, ni le compte en banque, si garni soit-il, n'ont le pouvoir de nous soustraire aux défaillances (plus ou moins importantes et souvent sournoises) des divers systèmes et organes de notre corps. Pourtant, on veut guérir pour continuer à être heureux et prospère; recouvrer cette santé qu'en temps de bien-être on considère comme légitime, évidente et garantie.

COMPRENDRE ET PARTICIPER

Depuis quelques années, l'art de guérir n'appartient plus qu'aux seuls médecins. Le monde médical a beau s'enrichir sans cesse de spécialistes de plus en plus experts, de médicaments de plus en plus efficaces et d'équipements de plus en plus sophistiqués, les patients, eux, sont de plus en plus nombreux à rejeter l'approche mécaniste de la médecine traditionnelle qui veut qu'à chaque symptôme corresponde un médicament spécifique sans égard aux causes profondes de la maladie. Aujourd'hui, les hommes et les femmes se tournent vers les médecines parallèles, plus naturelles, plus saines, moins chimiques et où ils ont leur mot à dire et leurs efforts à faire. Ils veulent comprendre leur état et participer à leur guérison.

Les gens malades ont maintenant accès à toute une panoplie de traitements, de cures, de régimes, de remèdes et obtiennent le rétablissement de mille et une manières, notamment grâce aux pierres, aux plantes, aux aimants, aux huiles, aux tisanes, à la musique, à la gymnastique.

Si vous tenez ce livre entre vos mains, c'est que vous avez le désir de jouer un rôle dans l'acquisition et le maintien d'une bonne santé. Le premier pas est fait! Vous avez pris une décision et choisi, entre toutes les médecines douces, la réflexologie, cette bienfaisante technique maintenant reconnue à part entière (dans de nombreux hôpitaux) et qui mérite, selon l'ensemble du corps médical, qu'on lui consacre temps et argent en recherche.

SOYEZ ACTEUR DE VOTRE GUÉRISON

Rappelez-vous toujours que toutes les méthodes holistiques visant la reconquête de la santé exigent de la personne concernée une implication active dans le processus de guérison. En aucun cas, on ne peut s'en remettre exclusivement au pouvoir des pierres, des couleurs, des aiguilles, de la musique ou autres, car toutes ces méthodes de guérison ne sont véritablement efficaces que lorsqu'il y a symbiose entre le corps et l'esprit. Elles nécessitent donc du «patient» un investissement total de lui-même.

Il n'y a pas si longtemps, les médecins étaient réputés être les seuls à posséder le pouvoir de guérir. Le déroulement d'une consultation était (et est toujours, dans bien des cas) sensiblement le même: examen, diagnostic, ordonnance de médicaments chimiques. Dans les hôpitaux, les opérations visant à retirer un organe (amygdales, appendice, ovaires, utérus) étaient beaucoup plus fréquentes que maintenant. Les patients n'avaient qu'à se résigner et à subir car, si les autres thérapies existaient, elles étaient fort mal connues. Aujourd'hui, elles nous sont beaucoup plus familières, qu'il s'agisse de naturopathie, d'homéopathie, de chromothérapie ou de lithothérapie; de massages, d'autohypnose ou de reiki; de traitement par les aimants, par le vinaigre; de cataplasmes d'huile de ricin, de tisanes ou de musique. Il y a de nombreuses thérapies et elles sont presque toutes, moyennant un certain apprentissage, à la portée de tout le monde.

Si le «patient» moderne doit affronter l'épineux problème de trouver une thérapie à sa mesure, au moins est-il devenu (ou redevenu) le maître de son corps et de sa santé. Du même coup, il a récupéré son droit de participer aux décisions quant au traitement qui lui conviendrait le mieux.

Étant donné qu'il est le propriétaire unique de son véhicule physique, l'homme doit assumer ses responsabilités, revendiquer ses droits, redécouvrir sa puissance et démontrer ses aptitudes, car le pouvoir de guérir est (et a toujours été) en chacun de nous. Le corps, inconsciemment, sait ce qui lui convient le mieux. Il est doté d'une énergie incommensurable et divine qui lui permet de s'autoguérir de n'importe quelle maladie.

La maladie, c'est la mauvaise utilisation du dynamisme vital; à l'opposé, la santé, c'est le retour au fonctionnement normal. Il en sera question au chapitre 2. Mais en attendant, gardez toujours présent à l'esprit que tout retour à la santé implique une participation dynamique et active de votre part, une attitude positive, l'abandon jusqu'à un certain point de la pensée cartésienne, la foi, la régularité et la persévérance.

Il est à noter que ce livre est un outil d'apprentissage pour vous aider à soulager vos douleurs (et celles des autres) mais qu'en aucun cas, il ne remplace le médecin.

CHAPITRE 1

QU'EST-CE QUE LA RÉFLEXOLOGIE?

Le corps est étonnant (...) il y a tout dans le corps! Toutes les dimensions, le physique, l'affectif, le spirituel! Le corps est une mémoire où est inscrit tout notre passé. (...) Le corps est un livre où est écrit ce qu'on a vécu et ce qu'on doit vivre, la direction à suivre pour être en accord avec soi-même.

Jean-Louis Abrassart

DÉFINITION

La réflexologie est une médecine douce chinoise, forte d'une très longue tradition. Déjà pratiquée par les Chinois il y a quelque cinq mille ans, on en trouve également des traces chez les peuples de l'Ancienne Égypte. On pourrait dire de la réflexologie qu'elle est une forme d'acupuncture sans aiguille.

Technique élémentaire et naturelle de soulagement de la douleur chez les Orientaux, il fallut toutefois attendre, en Occident, que soient publiés, en 1913, les travaux du docteur William Fitzgerald, un oto-rhino-laryngologiste, pour que soit popularisée cette méthode baptisée, par son créateur, «thérapeutique des zones» ou «thérapie zonale». La méthode mise sur pied par le docteur Fitzgerald divisait le corps en dix zones d'énergie, lesquelles partaient des pieds, montaient jusqu'à la tête pour redescendre par la suite aux mains. Pour soulager ses patients, il procédait par palpations/massages, avec ses doigts ou parfois avec des instruments particuliers, des points réflexes de ces zones.

Vers la fin des années 1930, cette méthode fut reprise par une physiothérapeute américaine du nom de Eunice Ingham qui concentra ses recherches et ses soins sur les pieds de ses patients. C'est à elle que l'on doit le nom de réflexologie et c'est sans doute parce qu'elle fut la première à être diffusée sur le plan international que la réflexologie plantaire demeure, encore de nos jours, la plus connue et la plus populaire.

La réflexologie consiste en des manipulations légères, des massages subtils et doux de certains points précis sur certaines parties du corps qui engendrent des réactions sur une autre partie du corps bien qu'entre les deux, il n'existe apparemment aucune espèce de relation. C'est l'intervention et le soulagement de la douleur à distance! Ce phénomène d'interaction est fort troublant. En effet, il est pour le moins étonnant de constater qu'en exerçant une pression, par exemple sur le bout du gros orteil, on assiste au soulagement quasi instantané d'un mal de tête tenace, réfractaire même aux analgésiques. De plus, nul ne peut expliquer scientifiquement (pas même les réflexologues les plus réputés) comment peuvent s'obtenir de tels résultats, puisque la réflexologie n'est étayée par aucune preuve ni théorie scientifique.

CONNAÎTRE LES POINTS RÉFLEXES

Le principe de base de la réflexologie est très simple: il repose sur le fait que de nombreuses parties de notre corps sont le reflet miniaturisé de la totalité de celui-ci, des organes et des glandes qui le composent. En travaillant sur les points réflexes correspondant à ce reflet miniaturisé, on provoque des effets sur l'organe ou les glandes concernés.

Un des plus grands avantages de la réflexologie est qu'elle peut se faire n'importe où, n'importe quand, et qu'on peut l'appliquer soi-même, donc sans l'intervention d'un thérapeute, sans avoir à se déplacer et sans avoir à payer d'honoraires professionnels. De plus, la réflexologie ne nécessite aucun équipement particulier, n'implique la prise d'aucun médicament et n'entraîne généralement aucun effet secondaire négatif ou dérangeant. Au contraire!

Un autre de ses avantages est qu'elle permet d'intervenir rapidement, sitôt qu'une douleur naît. En effet, la réflexologie permet de détecter, par simple palpation, une maladie potentielle qui couve et de prendre les moyens nécessaires pour qu'elle n'apparaisse pas.

Le mot «réflexologie» est un terme générique utilisé pour parler de cette pratique manuelle ancestrale. En réalité, il existe de très nombreux types de réflexologie: celle des pieds, mais aussi celle des mains, des oreilles, de la langue, du palais, du nez (sympaticothérapie), du dos, du visage, de la colonne vertébrale, du côlon, de la tête, des yeux (iridologie) ainsi que d'une forme intégrale, d'origine tibétaine.

La réflexologie est un des nombreux types de massages-réflexes (tout comme le shiatsu, la digitopuncture, l'ostéopathie, le drainage lymphatique, le *do in*, etc.), c'est-à-dire un massage qui s'exerce en tenant compte de la correspondance de différents points, situés un peu partout sur le corps, avec les organes qui leur sont associés. L'énergie dégagée par la pression du point-réflexe, lui-même situé sur un des nombreux méridiens du corps, transite par le système nerveux et agit sur la partie du corps concernée par ce point en rétablissant la circulation de l'énergie vitale, bloquée dans les canaux.

La réflexologie plantaire est, et de loin, la plus connue. De nombreux thérapeutes et médecins n'hésitent pas à dire qu'elle est probablement la plus accessible à tous. Cependant, comme il n'est pas toujours possible de se déchausser quand survient une douleur, nous vous offrons, dans cet ouvrage, avec la réflexologie des pieds, des mains, des oreilles et du visage, l'occasion de pratiquer cette technique de soulagement que ce soit dans un lieu public, au cours d'une cérémonie solennelle, au beau milieu d'un trottoir, en plein hiver...

De nos pieds, de nos mains, de nos oreilles et de notre visage partent d'innombrables canaux énergétiques organisés et ordonnés en suivant un réseau extrêmement complexe. Fort heureusement, l'étude et la connaissance de ce réseau ne sont pas nécessaires pour bénéficier des bienfaits de la réflexologie. Il suffit d'être capable de déterminer d'où vient la douleur (tête, estomac, foie, intestin), de connaître les points-réflexes correspondants et de savoir comment les stimuler. Ce qui est loin d'être sorcier!

QUELQUES MOTS SUR L'AURICULOTHÉRAPIE

L'auriculothérapie, c'est l'utilisation, par voie réflexe, du pavillon de l'oreille à des fins thérapeutiques. Cette technique de soulagement de la douleur fut popularisée en 1951 par un médecin lyonnais, le docteur Paul Nogier, qui dressa, dans les années 60, la toute première carte «géographique» de l'oreille qu'il assimila, en raison de sa forme, à un fœtus ayant la tête en bas.

Après la réflexologie plantaire, c'est certainement l'auriculothérapie qui est la plus populaire quant à sa facilité d'apprentissage, son efficacité et la rapidité de ses effets.

Cependant, à cause de sa structure et de ses dimensions, certains points réflexes de l'oreille sont très difficiles d'accès. Les auriculothérapeutes professionnels possèdent des instruments spécialisés pour y accéder. Toutefois, prudence oblige, je vous déconseille fortement l'usage de ces instruments (sondes, bâtonnets de verre, stylets et aiguilles d'acupuncture).

Si vous ne pouvez rejoindre le point réflexe associé à la douleur que vous ressentez, privilégiez alors une autre forme de réflexologie, celle des mains, des pieds ou du visage.

Pratiquée depuis plus de deux mille ans (les Égyptiens l'utilisaient pour soulager certaines douleurs, tandis que leurs épouses tiraient profit des points réflexes de cet organe pour éviter les grossesses), l'auriculothérapie (et la réflexologie, de façon générale) est réputée être capable de venir à bout de presque tous les problèmes de santé et de toutes les douleurs qui leur sont associées. Il est maintenant reconnu que l'auriculothérapie est particulièrement efficace pour venir en aide aux personnes qui désirent arrêter de fumer ainsi qu'à celles qui, souffrant d'embonpoint ou d'obésité, désirent maigrir. Bien sûr, ce sont là deux champs d'action où le taux de réussite est particulièrement élevé, mais la réflexologie de l'oreille ne se limite pas qu'à ça.

OBJECTIFS ET BIENFAITS

L'objectif principal de la réflexologie est, bien entendu, le soulagement de la douleur.

Comme je vous l'ai dit précédemment, le corps humain est parcouru d'une infinité de canaux invisibles qu'on appelle les méridiens. Selon la médecine orientale, les méridiens sont directement reliés aux différents organes du corps. Le but premier de la réflexologie, comme celui d'ailleurs de tous les massages énergétiques, est d'harmoniser, dans un équilibre le plus parfait possible, la circulation de l'énergie vitale (aussi appelée *qi*) à travers les méridiens. Éliminer les blocages, délier les nœuds, dissoudre les excès et renforcer le fluide là où il y a carence, tout ça dans le but de rétablir, d'activer, de dynamiser, dans l'organisme, la circulation de cette énergie (voir à ce sujet le chapitre 2) et, par conséquent, soulager les symptômes douloureux, voilà, essentiellement, le grand objectif de la réflexologie.

Les bienfaits sont aussi nombreux que les maux dont on peut souffrir. Les principaux bienfaits sont l'amélioration notable – et l'obtention d'effets bénéfiques – sur l'ensemble de la circulation sanguine et celle de la lymphe. Ainsi, l'organe visé étant mieux alimenté, il se restaure, se rétablit, se régénère et, par conséquent, redevient apte à remplir son mandat correctement, avec un maximum de pouvoir, de qualité et de compétence. Voici d'autres bienfaits.

- La réflexologie est une fameuse méthode de prévention, puisque la douleur d'un malaise ou d'une maladie qui couve est perceptible dans les terminaisons nerveuses (partout où il y a, sur le corps, des cartes «géographiques» de réflexologie), et ce, avant même que les organes ou les glandes en cause éprouvent eux-mêmes les symptômes. Ainsi, grâce à cette technique douce de manipulation, vous pouvez exercer des traitements préventifs soit en pratiquant une médecine douce, soit en allant consulter un spécialiste de la médecine traditionnelle;

- La réflexologie permet de traiter une partie malade, mutilée, blessée ou douloureuse du corps sur laquelle il serait impossible d'exercer des contacts manuels directs. Cette technique soulage ainsi la douleur par une voie détournée;

- La réflexologie permet d'obtenir un soulagement rapide et efficace d'un très grand nombre de maux, des plus bénins aux plus aigus;

- La réflexologie permet de prendre contact avec soi, de découvrir son propre corps et d'exercer sur celui-ci un meilleur contrôle. Travailler à préserver l'équilibre de tous les systèmes de notre organisme permet de lutter plus efficacement contre toutes les agressions extérieures, tant physiques que psychiques;

- La réflexologie rééquilibre et régularise notamment les fonctions des glandes endocrines et, de façon générale, toutes les fonctions physiologiques;

- En agissant directement sur et par le système nerveux, la réflexologie engendre une bienfaisante relaxation, réduit la tension, l'anxiété et, de façon générale, le stress, ce grand responsable de nombreux maux modernes et de dysfonctionnements tant physiques qu'émotionnels ou intellectuels;

- Par son action sur le système nerveux, la réflexologie améliore de façon notable la qualité du sommeil, chasse l'insomnie et procure l'apaisement du corps;

- Grâce à son action sur la circulation sanguine et lymphatique qui permet la libre circulation de l'énergie vitale, la réflexologie renforce le système immunitaire et, par conséquent, augmente la vitalité, l'ardeur et le dynamisme;

- Grâce à son effet de drainage et à sa capacité à stimuler les émonctoires, la réflexologie facilite l'élimination des toxines qui s'accumulent dans l'organisme;

- En épurant les méridiens de leurs nœuds et en permettant à l'énergie vitale de recouvrer une libre circulation, la réflexologie éveille, stimule et aiguillonne les facultés innées et internes du corps humain à l'autoguérison, puisque l'énergie, ainsi remise en circulation, facilite et soutient la restauration ainsi que le maintien de la santé.

LES LIMITES DE LA RÉFLEXOLOGIE

La réflexologie n'est pas une panacée. Elle a, comme toutes les médecines (douces ou traditionnelles), ses limites et s'exerce dans un cadre d'action bien spécifique.

Bien que son taux d'efficacité n'ait plus véritablement besoin d'être démontré, il se situe essentiellement dans le soulagement de la douleur.

N'étant pas une technique médicale proprement dite, la réflexologie ne permet absolument pas d'émettre un diagnostic. Cependant, comme je l'ai dit précédemment, elle permet de dépister, de prévoir, de présumer une maladie et, donc, de vous inciter à consulter un spécialiste dès qu'une terminaison nerveuse vous indique qu'une maladie potentielle se prépare et se développe dans l'ombre.

Ceci dit, dès qu'un médecin a posé un diagnostic précis, il vous est alors permis d'exploiter librement toutes les avenues de la réflexologie parallèlement, bien sûr, aux traitements prescrits par votre spécialiste. En fait, la réflexologie est très souvent utilisée comme thérapie d'appoint, comme outil supplémentaire et complémentaire de la médecine traditionnelle ou d'une autre médecine douce, particulièrement (mais pas uniquement, bien sûr) pour soulager *illico* la douleur inhérente à un mal précis. Elle est également de plus en plus utilisée par les massothérapeutes.

La principale limite de la réflexologie, dans son application strictement physique, est qu'elle ne décèle pas les causes de la douleur. Chacun son domaine... Donc, si vous décidez de prendre en main votre santé avec le secours de la réflexologie, vous devrez en même temps, si vous désirez découvrir les causes profondes de vos malaises, faire preuve d'ouverture d'esprit et développer la capacité de faire, sur vous-même, quelques études et honnêtes bilans.

De plus en plus, on se rend compte qu'une bonne santé est indissociablement liée à une bonne façon de penser. Nos pensées profondes et nos émotions sont des facteurs déterminants quant à l'obtention et au maintien d'une santé parfaite. Il est de plus en plus admis et observé scientifiquement qu'un état dépressif, triste, neurasthénique ou angoissé entraîne, presque toujours, un état maladif plus ou moins grave.

Analysez vos symptômes, essayez de trouver en vous l'origine du mal, la pensée ou l'émotion négative qui affecte votre santé (rancune, peur, tristesse à la suite d'un divorce ou d'un décès, perte d'un travail, etc.), puis commencez le traitement. Débarrassez-vous de ces états affectifs négatifs qui se répercutent sur votre organisme.

Par ailleurs, nos habitudes de vie, notre hygiène corporelle et notre alimentation sont également des facteurs essentiels. Généralement, l'adulte moyen sait, d'instinct, ce qui est bon ou pas pour lui. Malgré tout ce savoir inné, on s'aperçoit que nos pairs ne sont pas tous des exemples à suivre pour être physiquement et psychiquement en santé. En réalité, vie moderne et vitesse obligent, l'homme d'aujourd'hui a complètement perdu le contact avec la et sa nature profonde. Le docteur Herbert Ratner disait: «L'homme est devenu un animal bourré de vitamines, gorgé d'antiacide, calmé au barbiturique, soulagé à l'aspirine, stimulé au benzédrine, atteint de maladie psychosomatique, et charcuté par la chirurgie;

l'homme devient donc une créature fatiguée, ulcérée, hypertendue, superstimulée, névrosée et qui a souvent des migraines.»

Faire de la réflexologie, c'est faire votre premier pas vers une meilleure santé globale. Soulagez vos malaises et remettez votre corps en bon état, et le reste suivra automatiquement. Au fur et à mesure de l'amélioration de la qualité et du fonctionnement de vos divers organes et glandes, vous ressentirez très certainement l'envie, le besoin même, d'aller au-delà des seules manipulations physiques. En rétablissant la circulation de votre énergie, vous ne soulagerez pas seulement la douleur: vous vous sentirez mieux sur tous les plans. Ainsi, sur les plans émotionnel et spirituel, le rétablissement de la circulation énergétique entraîne des changements importants, voire profonds, dans la manière de penser et d'agir. La personne qui bénéficie des bienfaits des massages en général et de la réflexologie en particulier, devient peu à peu plus réceptive à tout ce qui se passe autour d'elle, plus réceptive aussi et, surtout, aux messages de son corps, ce qui l'incite généralement à changer ses mauvaises habitudes de vie.

CHAPITRE 2

L'ÉNERGIE

Car toute énergie, tout pouvoir émane d'une seule source. Ainsi, comme nous l'avons déjà dit, ce qui produit l'énergie électronique, ce que l'homme connaît sous le nom d'électrons, ou énergie électrique, et qu'il peut utiliser à des usages pratiques, et qui est nécessaire dans la vie de l'homme, c'est Dieu lui-même.

Edgar Cayce, *Lecture 4757-1*

QU'EST-CE QUE L'ÉNERGIE?

Du plus petit caillou à la planète la plus lourde, en passant par les montagnes, la végétation, les cratères, les mers et les océans, les hommes et les bêtes, tout l'univers est constitué d'atomes.

Et que sont les atomes, sinon d'infinitésimales particules (matérielles) recélant des charges électriques (immatérielles) positives ou négatives: les électrons.

Les électrons exécutent sans cesse, autour du noyau de l'atome, des trajectoires fermées semblables aux orbites que font les planètes autour du soleil. En réalité, chaque atome est en soi un minisystème solaire et chaque être humain est constitué de centaines de milliards d'atomes.

Les électrons vibrent à des taux variables selon la vitesse de leurs mouvements et engendrent ainsi un champ électromagnétique qui représente une force incommensurable appelée énergie.

L'énergie est invisible, inodore, incolore, impalpable et pourtant, elle est *la* force de laquelle tout l'univers procède, de laquelle tout l'univers est à la fois issu et composé. L'énergie est la mère de toutes les manifestations telles que le vent, la foudre, les saisons, les éruptions volcaniques, les marées; de toutes les émotions telles que l'amour, la haine, la joie, la peur, l'angoisse, le bonheur; et de toutes les matérialisations telles que les forêts, les pierres, le sable, l'eau, les livres, les plantes, les animaux, etc., et, bien entendu, les êtres humains.

LA GRANDE LOI DE L'ÉNERGIE

L'énergie éveille la vie, la colore, l'active, l'anime et la stimule. Cependant, quand il y a carence d'énergie, la vie manque drôlement de sel. Elle devient fade, insipide, terne et ennuyeuse. En outre, les carences d'énergie entraînent, invariablement, des affections, des maux divers, des indispositions et des troubles de tous genres.

Mais pourquoi certaines personnes n'ont-elles aucun mal à traverser ces périodes mornes alors que d'autres sombrent, plus ou moins rapidement et plus ou moins profondément, dans la déprime et la dépression dès qu'elles sont privées un tant soit peu d'énergie?

C'est que l'énergie a ses lois. On n'a pas plus le droit de négliger son importance qu'on a le droit d'en abuser. L'énergie est une force qui peut être bénéfique ou maléfique selon l'emploi qu'on en fait. Elle donne des droits et des privilèges, mais elle entraîne également des devoirs et des obligations.

L'énergie grâce à laquelle nous vivons, nous respirons, nous évoluons, nous nous déplaçons, est une force qui ne doit pas être traitée à la légère. Elle est la sève, l'essence même de tout ce qui vit et, à ce titre, mérite tout notre respect.

L'énergie est donc *la* dynamo galactique de laquelle tout procède. Cependant, le but de cet ouvrage n'étant pas d'apprendre pourquoi nous voyons la pierre qui roule dans la mousse et nous ne voyons pas la couleur du vent qui souffle dans les arbres, j'omettrai volontairement de parler de la métamorphose de l'énergie-pensée en énergie-matière et me bornerai à vous entretenir de l'énergie qui circule à travers le corps humain. Comme je vous l'ai dit précédemment, cette énergie répond à certaines lois dont la plus importante est qu'elle doit *circuler*. L'énergie qui ne circule pas devient rapidement stagnante et provoque des digues, des blocages, des nœuds qui, à leur tour, engendrent toutes sortes de déséquilibres qui, invariablement, donnent naissance à la maladie, au mal-être et au vieillissement prématuré.

LES PANNES D'ÉNERGIE ET LEURS CAUSES

Le stress et la tension sont sans doute les pires consommateurs d'énergie qui soient. D'innombrables facteurs contribuent à augmenter, chez l'être humain, le stress et la tension et, conséquemment, le risque de maladie qui peut aller du simple mal de tête au cancer, mortel dans bien des cas.

Que l'on pense seulement à toutes les contraintes familiales, professionnelles ou sociales qui nous incombent; aux courses chez le médecin, le dentiste, à l'épicerie; aux heures de pointe dans la circulation dense, dans le métro ou l'autobus; aux comptes à payer, à l'argent dépensé avant même d'être gagné, à la sonnerie stridente du téléphone, aux pressions des créanciers, aux inquiétudes causées par l'éducation, le bien-être et le bonheur des enfants...

Ceci dit, le stress et la tension ne sont pas en soi si catastrophiques. Au contraire! Ils sont absolument nécessaires, car ils représentent nos moteurs. En effet, la vitalité, le dynamisme et l'entrain sont des produits du stress et de la tension. Ce sont eux qui nous fournissent notre combustible, c'est-à-dire l'énergie. Ce qui peut être catastrophique, c'est l'excès ou le manque de l'un ou de l'autre parce qu'ils provoquent les déséquilibres. Et qui dit déséquilibre dit malaise, maladies, mal-être.

L'IMPORTANCE DE L'ÉQUILIBRE

Il n'est pas plus souhaitable d'avoir de l'énergie en excès que d'en manquer. Dans les cas d'excès, les individus deviennent nerveux, fébriles, agressifs; le corps reste continuellement tendu, raidi, à l'affût de quelque chose, comme le tigre prêt à bondir sur sa proie! Un corps tendu requiert beaucoup plus d'énergie physique qu'un corps détendu (par exemple, un visage contracté sollicite cent vingt-sept muscles, tandis qu'un sourire n'en sollicite que quatre-vingt-sept). Il s'ensuit, chez les gens incapables de relaxer, un déplorable gaspillage d'énergie. Lorsqu'il y a gaspillage à outrance, le déficit apparaît rapidement, puis la maladie. Dans les cas d'absence totale de stress et de tensions, les individus deviennent apathiques, neurasthéniques et dépressifs; ils n'ont envie de rien, ne font aucune activité, n'ont aucun intérêt, aucun but. Résultat, ici aussi: la maladie!

Pour Rinaldo Lampis, auteur de l'ouvrage *L'emploi conscient des énergies*, il existe deux sortes de stress. Le premier est celui qui est associé à un changement radical de vie (par exemple un divorce, le décès d'un conjont, d'un ami ou d'un membre de la famille, un mariage, une perte d'emploi, une grossesse, un déménagement, etc.). Bien que de forte (et, souvent, brutale) intensité, ce type de stress se résorbe généralement de lui-même et la tension qu'il provoque s'atténue avec le temps. Le second type de stress est celui qui est associé à la vie quotidienne. Il est plus difficile à circonscrire en raison de son caractère sournois et insidieux. Il se traduit en angoisse, en anxiété et en peurs de tous genres. Il ne diminue pas nécessairement de lui-même avec le temps. Il est sans aucun doute le plus grand responsable des maux dont peuvent souffrir les êtres humains.

Selon le docteur Janine Fontaine, il semblerait que plus de 80 % de nos maladies proviennent de troubles émotionnels dont les causes sont à rechercher dans une vie de déséquilibre total. Pour le docteur Herbert Puryear, psychologue, pour qu'il y ait santé, dans le sens holistique du terme, chez une personne, il doit forcément y avoir équilibre entre la vie inté-rieure et l'environnement extérieur; équilibre entre le phy-sique, le mental et le spirituel. Pour le docteur William A. MacGarey, «la santé et la longévité ne sont pas étrangères aux courants électriques qui parcourent le système nerveux et, de façon générale, les tissus du corps».

À la lumière de ce qui précède, on voit bien que le corps est régi par un système électrique (ou électromagnétique) qui lui est propre et qu'il convient d'entretenir soigneusement et ponctuellement, afin de le garder dans un état qui lui permette de remplir correctement toutes ses fonctions.

Le corps humain est géré par des méridiens dont les ter-minaisons partent des pieds pour parcourir le corps et re-joindre finalement le cerveau où toutes les actions/réactions sont déclenchées. Bien que l'on n'ait pas encore parfaitement compris, malgré les nombreuses recherches et études effec-tuées au cours des années, le fonctionnement exact de ces méridiens, on peut tout de même le comparer, ou plutôt l'ap-parenter, au fonctionnement d'une centrale téléphonique composée de connexions et d'interconnexions. Les méridiens seraient ceux qui conduisent les messages de notre corps à notre cerveau, puis de notre cerveau aux différents organes et glandes de notre corps.

La réflexologie vous apprend donc à stimuler et à rééqui-librer votre «système électrique» par le toucher.

CHAPITRE 3

ÊTRE SOI-MÊME RÉFLEXOLOGUE

> *«Ne touche pas!» Odieuse injonction qui retentit 100 fois par jour aux oreilles de l'enfant fait de lui un aveugle, un chien sans flair, errant tristement dans un monde où tout est enfermé dans des vitrines. L'homme d'aujourd'hui se promène muselé et manchot dans un palais de mirages.*
>
> Michel Tournier, *Petites proses*
> (Éditions Gallimard,
> collection Folio n° 1768, 1986, p. 115)

La réflexologie est une technique qui vous permettra de vous venir personnellement en aide, certes, mais, si vous le désirez, d'aider également les membres de votre entourage, vos enfants, votre conjoint et vos amis afin de les soulager de certains maux.

Pour y parvenir, il vous faudra réapprendre le contact physique. Bien sûr, celui-ci n'est pas difficile quand il s'agit d'un partenaire amoureux ou de très jeunes enfants, mais il devient parfois malaisé quand il s'agit d'adolescents ou de camarades. Il faut donc réapprendre à toucher sans gêne et sans pudeur excessive.

L'IMPORTANCE DU TOUCHER

Pour nous, Occidentaux, il est devenu plus que hasardeux de toucher...! L'imprudent qui brave les interdits court le risque de se faire taxer aussitôt d'individu immoral, vicieux et aux intentions malsaines.

Le toucher, cet acte on ne peut plus naturel tant chez les humains que chez les animaux, qui, à l'origine de la Création (et encore aujourd'hui chez les Orientaux), était un mouvement inné, spontané, normal, simple et facile, est devenu, devant l'ampleur de certains drames à caractère sexuel qui secouent notre société, essentiellement lié à la séduction, à la volupté, à l'accouplement et à la sexualité.

Pourtant, il est désormais scientifiquement établi que le toucher est non seulement important mais aussi essentiel au développement physique et psychique des êtres humains.

«Des études récentes ont montré que l'être humain pouvait connaître un développement mental, physiologique et psychique normal en étant néanmoins privé de n'importe quel sens, sauf le toucher.» (www.euronet)

Un enfant privé de caresses présentera des troubles de croissance, des problèmes psychologiques et physiologiques et, en outre, aura un système immunitaire déficient, sans oublier les séquelles émotionnelles, psychiques et spirituelles que l'absence du toucher laissera forcément.

LE TOUCHER PARLE

D'un côté, il y a des touchers qui nous révulsent, nous dérangent, nous importunent; ils sont désagréables, parfois même insupportables jusqu'à l'odieux. De l'autre, il y a des touchers qui nous ravissent, qui nous charment, nous enchantent; ils nous font frissonner de plaisir, de bonheur, de bien-être, et on en redemande. Le toucher laisse rarement indifférent, car il est la rencontre de deux épidermes, donc de deux charges électriques; forcément, cela entraîne des réactions.

Toucher, c'est pénétrer sur le territoire de l'autre; se laisser toucher, c'est permettre à l'autre d'entrer dans sa bulle. Toucher, c'est donner, dire, offrir, accorder, émettre, exprimer; se faire toucher, c'est accepter de recevoir, d'accueillir, de ressentir. Toucher ou se faire toucher, dans tous les cas, c'est échanger, communiquer et partager.

Le toucher est plus vrai, plus authentique et plus sincère que ne pourra jamais l'être la parole, car il ne sait pas mentir. Pensez seulement à quelqu'un par qui vous n'accepteriez pas, et sous aucun prétexte, de vous laisser caresser, que ce soit la joue ou l'épaule; que juste d'y penser, vous en frissonnez d'horreur. Maintenant, imaginez-vous dans un salon avec cette personne que, par ailleurs, vous ne détestez pas nécessairement. Vous êtes capable de la regarder, de lui parler, de l'assurer de votre amitié (même si elle n'est pas vraiment importante pour vous). Ensuite, imaginez-vous que cette personne, avant de vous quitter, sur le pas de la porte, avance la main pour toucher votre bras nu. Spontanément, vous aurez un mouvement de recul. Et si, malgré tout, cette personne arrive à vous effleurer, votre peau frémira, tressaillira de façon très désagréable. Non, le toucher ne peut mentir.

La réflexologie entre dans la tradition des massages. Et masser, c'est toucher, c'est entrer en contact avec les terminaisons nerveuses du corps dans le but de les faire réagir positivement à des manœuvres mécaniques, à des manipulations, à des pressions. Les objectifs que l'on tend le plus communément à atteindre, lors de massages, sont une meilleure circulation sanguine, lymphatique et énergétique, une stimulation optimale des glandes endocrines, l'atteinte du bien-être et de la détente, la disparition des tensions corporelles et la remise en forme de l'organisme dans son intégralité.

CHAPITRE 4

LE RÔLE ET L'IMPORTANCE DES GLANDES

Dans le prochain chapitre, je ferai souvent référence aux glandes. Aussi n'est-il pas superflu d'en dire quelques mots, ne serait-ce que pour faciliter la compréhension des manipulations qui y sont suggérées.

LES GLANDES ENDOCRINES

Essentiellement, les glandes endocrines sont des glandes qui émettent des hormones *dans* le corps. On les qualifie d'endocrines («à sécrétion interne»), par opposition aux glandes exocrines («à sécrétion externe»), parce que les hormones qu'elles émettent ne sont pas déversées au dehors du corps mais à l'intérieur afin de favoriser le bon fonctionnement interne de l'organisme, c'est-à-dire l'activité des différents organes.

Certaines glandes comme le pancréas, les ovaires et les testicules ont à la fois une fonction endocrine et exocrine. Elles sont appelées glandes mixtes.

Certains chercheurs, médecins et scientifiques affirment que la longévité dépend, en très grande partie, de la santé des glandes endocrines.

LES GLANDES SURRÉNALES

Les glandes surrénales sont situées symétriquement de chaque côté de la colonne vertébrale, dans les fosses lombaires. Elles sont en quelque sorte le chapeau des reins. Ceux-ci, de couleur rouge foncé, ont la forme de haricots.

Leurs bords internes présentent un segment déprimé, le hile (vase d'introduction des différents canaux de circulation), qui livre passage à l'artère, à la veine rénale et au bassinet. Les reins sont l'organe de sécrétion de l'urine, qui joue un rôle important dans la régulation hydroélectrolytique et la tension artérielle.

Les glandes surrénales sont au nombre de deux. Il y a d'abord les *corticosurrénales*, qui sécrètent de nombreuses hormones dont l'hydrocortisone (principalement utilisée comme anti-inflammatoire) et les androgènes (substance qui provoque des effets virilisants), puis la *médullosurrénale*, qui distille l'adrénaline, cette hormone remarquable et de toute première importance qui gouverne les émotions et l'activité cérébrale.

En excès, les androgènes provoquent chez la femme l'apparition des caractères sexuels masculins, mais ils sont surtout, de nos jours, utilisés sous forme de stéroïdes anabolisants.

Quant à l'adrénaline, elle est une sorte de général d'armée qui commande, devant l'alarme, le rassemblement des troupes dans un but d'action commune. Elle ordonne l'utilisation de toutes les énergies en place. Elle permet d'agir et de réagir rapidement devant toute offensive, agression ou commotion. Elle permet de livrer bataille en concentrant toute la vigueur disponible, chez l'individu, au moment d'un choc.

Toutes les émotions intensifient l'activité des glandes surrénales: la peine, la gêne, l'excitation, l'inquiétude, la répulsion, la colère, la fureur, la mélancolie et, par conséquent, provoquent des naufrages émotionnels parmi lesquels on trouve, entre autres (et le plus fréquemment), la jalousie maladive et la dépression nerveuse. Ces états, pour le moins déconcertants pour la personne qui les subit, sont en quelque sorte une surdose hormonale qui semble incontrôlable. Il en résulte des malaises et des maladies imputables à l'incapacité de gérer ce surcroît d'émoi, ce qui augmente la pression sanguine.

En réalité, les glandes surrénales «ravitaillent» l'individu sur les plans affectif, émotionnel et énergétique. C'est, au bout du compte, la glande pituitaire, celle de la pensée, qui lui permet d'éviter d'être englouti par le flot émotionnel qui en résulte et qui traverse son existence.

Par ailleurs, qui n'a jamais entendu parler ou vécu lui-même, en cas d'urgence, ces décharges d'adrénaline qui font accomplir, le plus souvent sous l'effet de la peur, de véritables tours de force comme celui de soulever des charges extraordinairement grandes, de rester éveillé un nombre remarquable d'heures ou de courir à une vitesse invraisemblable? Rien d'étonnant, semble-t-il, puisque les glandes surrénales seraient celles du combat, de la lutte, de la suprématie de la passion sur la raison. Il faut noter toutefois que cela n'a strictement rien à voir avec, par exemple, une tentative de sauvetage (au risque de sa propre sécurité) qui est, elle, le résultat du mariage des glandes surrénales avec la glande pituitaire, de l'alliance entre les sensations (besoin de venir en aide) et le jugement (mesurer les risques).

Retenez que:

- les surrénales sont indispensables pour maintenir la vie et la santé. Elles sont de la grosseur du rein chez le fœtus de sept mois, mais se réduisent dès la naissance;
- ce sont les surrénales qui contrôlent l'énergie nerveuse, l'énergie physique, la température, les muscles nécessaires au bon fonctionnement du foie et des reins, le tonus musculaire et cardiaque, la circulation, la pression et la coagulation sanguine ainsi que la quantité de globules rouges et blancs. Avec les glandes parathyroïdes, elles contrôlent le degré d'immunisation du corps;
- les surrénales produisent une sécrétion vitale dans le sang de l'être humain qui, autrement, ne pourrait survivre.

LES GLANDES SEXUELLES

Les ovaires

Chez la femme, les ovaires, de forme arrondie et aplatie transversalement, mesurent 4 cm (1,5 po) de large. Ils sont situés dans le petit bassin, de part et d'autre de l'utérus et en arrière des trompes de Fallope. Chaque ovaire est composé de deux parties distinctes: la partie interne, centrale, appelée médullaire, où s'épanouissent les vaisseaux qui ont pénétré dans son hile; la partie externe, la plus large, appelée corticale, qui contient les éléments de la gamétogenèse, soit les follicules de De Graaf. Quand le follicule parvient à maturation, survient l'ovulation.

Le rôle des ovaires est double. D'abord, ils excrètent (fonction exocrine) l'ovule qui s'unira au spermatozoïde, libérant ainsi un ovule environ tous les vingt-huit jours, de la puberté à la ménopause. Puis, les ovaires engendrent, grâce aux hormones qu'ils sécrètent, le développement de la muqueuse utérine permettant la fécondation et le développement de l'œuf jusqu'à ce qu'il soit relayé par le placenta (fonction endocrine).

Les ovaires sécrètent exclusivement des œstrogènes avant l'ovulation, puis des œstrogènes et de la progestérone lorsque le corps jaune s'est formé à la suite de l'ovulation. Les deux ordres de fonction sont sous la dépendance de l'hypophyse et de l'hypothalamus (deux glandes du cerveau).

Les testicules

Les testicules, au nombre de deux, sont des masses ovoïdes de 5 cm (1,9 po) de long chez l'adulte, de consistance ferme, recouvertes d'une membrane résistante, l'albuginée. Le testicule est composé de lobules contenant les canalicules sémifères qui convergent en un réseau au bord supérieur de la glande. Ils ont une double fonction sécrétoire: la première, externe ou exocrine ou de reproduction, aboutit à la formation de la lignée spermatique; la seconde, interne ou endocrine, consiste essentiellement en la sécrétion de l'hormone mâle, la testostérone, qui, dès la vie intra-utérine, agit sur le développement des caractères sexuels et la croissance staturale.

LA GLANDE PANCRÉATIQUE

La glande pancréatique est intimement liée au plexus solaire. Glande à double sécrétion, le pancréas se divise en trois parties: la tête (enchâssée dans le cadre duodénal [première partie de l'intestin grêle]), le corps et la queue. Le pancréas est étroitement lié au canal cholédoque (une voie biliaire).

La sécrétion exocrine (ou externe) du pancréas (le suc pancréatique) est acheminée vers le duodénum et favorise une bonne digestion grâce aux ferments qu'elle contient; la sécrétion interne (ou endocrine) est l'insuline, une hormone qui passe directement dans le sang et dont le rôle essentiel consiste à éliminer les excédents de sucre (glucose) dans le sang, prévenant, entre autres, le diabète.

LA GLANDE THYMUS

Le thymus, organe mou, est situé sous la glande thyroïde, derrière le sternum.

Développé chez l'enfant, il semblerait que le thymus s'atrophie avec l'âge, jusqu'à devenir tout petit. Cependant, certaines autopsies pratiquées sur des adultes dans la force de l'âge ont mis au jour un thymus beaucoup plus volumineux que ce qui est médicalement prévisible. Certains facteurs, encore mal déterminés (comme le dysfonctionnement d'autres glandes endocrines, et ce, de façon généralisée chez les humains), pourraient être la cause de cette atrophie.

En médecine holistique, on parle du thymus comme étant le centre du cœur, le royaume de l'âme. Depuis quelques années, certains chercheurs affirment que l'hormone émise dans le corps par cette glande, la thymosine, serait propre à lutter contre le vieillissement.

La glande thymus joue un rôle important dans les défenses du système immunitaire en luttant contre les virus, les bactéries, les infections, bref, contre les agressions microbiennes grâce à sa production de lymphocytes.

LA GLANDE THYROÏDE

La thyroïde est une glande vasculaire sanguine, qui pèse de 20 à 30 g, et qui est située dans la partie antérieure du cou, sous la pomme d'Adam. Elle est faite de deux lobes symétriques qui se trouvent devant le larynx et la trachée, et est formée de vésicules à l'intérieur desquelles s'accumule un produit de sécrétion appelé la colloïde. Elle est sous le contrôle de l'hypophyse, ou glande pituitaire.

C'est la thyroïde qui contrôle et injecte dans tout le corps, y compris dans les organes génitaux, un produit actif, la thyroxine, composé riche en iode. C'est d'ailleurs dans cette glande que se concentre la presque totalité de l'iode contenu dans le corps.

La thyroxine et sa voisine la tri-iodothyroxine sont deux hormones qui participent et activent tous les métabolismes, notamment celui des protéines, des graisses, des sucres et des hydrates de carbone.

Une glande thyroïde affaiblie peut causer un grand nombre de dommages. Elle peut, par exemple, mener à l'excitabilité maladive, provoquer une propulsion du globe oculaire hors de l'orbite ou le goitre.

La glande thyroïde joue un rôle essentiel dans la reproduction des cellules, la croissance et le développement physique et psychique de l'être humain; dans l'oxydation des tissus et leur réparation; dans l'assimilation et la synthèse des lipides, des glucides et des protides. Elle contrôle aussi, entre autres, les battements du cœur ainsi que l'activité cérébrale et sexuelle.

LES GLANDES PARATHYROÏDES

Les glandes parathyroïdes sont au nombre de quatre et sont situées sur la gorge, deux de chaque côté. Elles jouent un rôle très important dans le métabolisme, au niveau du phosphore, du calcium, de l'ossification et de l'édification du phosphagène, qui intervient dans le mécanisme de la contraction musculaire.

Si on enlève les glandes parathyroïdes ou si elles sont atteintes dans leur fonctionnement, la quantité de calcium dans le sang chutera, parfois même de moitié, ce qui pourrait provoquer des crises tétaniques très graves.

LA GLANDE PITUITAIRE (ou hypophyse)

L'hypophyse est une petite glande de la taille d'une grosse fève qui pèse environ 0,5 g. Elle est suspendue à la partie inférieure du cerveau dans une sorte de loge osseuse, qui est la selle turcique de la base du crâne. Malgré son faible volume, elle possède de nombreuses fonctions importantes, dont celle de déterminer la croissance de l'être humain.

C'est elle qui dirige et commande la thyroïde et qui voit à verser de l'iode dans le système lorsque cela s'avère indispensable. Elle fait la même chose avec les glandes parathyroïdes pour leur permettre de fournir le calcium nécessaire à l'organisme.

Cette glande occupe en quelque sorte la fonction de chef d'orchestre de tout le système glandulaire ; plusieurs spécialistes l'appellent le chien de garde du corps. Centre de commande, elle est essentiellement composée de cellules glandulaires qui sécrètent les stimuli hypophysaires et l'hormone de croissance (ou somatrope). En déversant sa sécrétion et son hormone dans le flot sanguin, la glande pituitaire détermine l'intelligence, la taille et le volume du corps, et contrôle également les fonctions sexuelles. Lorsqu'elle détecte des poisons dans le sang, c'est elle qui alerte le mécanisme de défense en faisant parvenir un signal à la thyroïde et aux surrénales. En ce sens, cette glande constitue une troisième ligne de défense contre la maladie, lorsqu'il est question d'éliminer les déchets organiques dans le sang.

Cependant, il faut savoir que la glande pituitaire est très sensible à l'hyperémotivité et que cette dernière a le pouvoir de dérégler ses hormones et, par conséquent, de provoquer des réactions négatives et néfastes sur toutes les autres glandes.

LA GLANDE PINÉALE (ou épiphyse)

Cette glande est une petite formation nerveuse située en haut et en arrière du troisième ventricule du cerveau, au sommet du diencéphale. Son rôle physiologique est mal connu, mais de plus en plus de scientifiques se penchent sur l'étude de son fonctionnement. Selon des recherches récentes, il semblerait que la glande pinéale soit la grande détentrice de l'hormone antivieillissement, la mélatonine. Par ailleurs, il apparaît que la dépression (et les états dépressifs en général) et l'absence (ou le manque) de lumière seraient en grande partie responsables de sa piètre activité.

Quant à la médecine des chakras, elle attribue à la glande pinéale la fonction d'émetteur-récepteur général du corps pour les informations relevant tant du monde matériel que du monde spirituel.

CHAPITRE 5

AFFECTIONS,
MALADIES ET POINTS RÉFLEXES

Vous trouverez ici la description des affections et des maladies les plus courantes ainsi que des informations (tantôt sur l'organe concerné, tantôt sur l'affection elle-même) et les symptômes les plus fréquemment observés pour la plupart d'entre elles.

En outre, à chaque malaise ou maladie correspond un certain nombre de points réflexes qu'il convient de masser, et ce, afin de rétablir le flux énergétique. En d'autres mots, le massage de ces points réflexes particuliers vous permettra de dénouer les méridiens (canaux d'énergie) qui correspondent à la zone du corps ou à l'organe concerné par l'affection. Ce faisant, vous corrigerez l'équilibre énergétique et mettrez fin aux symptômes douloureux.

Pour que tout soit bien clair, voici l'exemple de l'acné juvénile. Les points réflexes correspondant à l'acné sont:

• glandes endocrines: surrénales, ovaires, thyroïde;

• organes: foie, reins, poumons, intestin.

Donc, si vous souffrez d'acné juvénile, ce sont *ces* points réflexes (dont vous trouverez les illustrations au chapitre 7) que vous devez masser pour faire circuler de nouveau et convenablement l'énergie dans votre organisme.

* * *

Note 1: Parmi les points réflexes qu'il est recommandé de masser, il se trouve presque toujours un ou plusieurs points correspondant aux glandes endocrines. C'est que celles-ci jouent un rôle fort important dans le corps humain; en effet, elles émettent les hormones dont ont besoin les organes pour fonctionner.

Note 2: Au risque de me répéter, il n'est pas recommandé de masser plus de trois points réflexes par séance. Faites un choix parmi ceux qui vous sont suggérés.

ACNÉ JUVÉNILE
(ou acné polymorphe)

On qualifie de «juvénile» (qui signifie propre à la jeunesse) ce type d'acné, car son apparition se fait généralement au cours de la préadolescence ou de l'adolescence.

Les zones de prédilection de l'acné juvénile sont le visage, le dos, la poitrine et les épaules.

D'autres types d'acné apparaissent cependant plus tardivement que l'acné juvénile. C'est le cas, entre autres, pour l'acné rosé et l'acné hypertrophique (le second étant souvent la conséquence du premier).

• Symptômes

L'*acné juvénile* se manifeste sous forme de pustules, de papules, de kystes et de points noirs.

L'*acné rosé* apparaît dans la trentaine ou dans la quarantaine et est souvent consécutive à un abus de graisses animales ou d'alcool. Elle se manifeste par des rougeurs, plus ou moins vives, au front, sur le nez, sur le menton et sur les joues.

L'acné hypertrophique fait augmenter considérablement le volume du tiers inférieur du nez, qui devient énorme et tout bosselé.

• **En réflexologie**

Points réflexes:
glandes endocrines: surrénales, ovaires, thyroïde
organes: foie, reins, poumons, intestin

ACOUPHÈNE

L'acouphène est une sensation auditive, la perception d'un bruit en l'absence de tout stimulus extérieur.

• **Symptômes**

La personne souffrant d'acouphène entend, de façon intermittente, dans une seule oreille ou dans les deux à la fois, des bourdonnements, des sifflements, des tintements, des crépitements ou des grésillements, etc.

• **En réflexologie**

Points réflexes:
zone concernée: oreille (+ cou)
glandes endocrines: surrénales
organes: reins

AMÉNORRHÉE
(ou absence de menstruation)

L'aménorrhée, considérée comme anormale, est l'absence totale (et non pas l'insuffisance ou l'irrégularité) du flux menstruel chez une femme qui devrait avoir ses règles, c'est-à-dire qui n'est ni enceinte, ni mère allaitante, ni ménopausée. L'aménorrhée ne résulte pas de l'usage de la pilule anticonceptionnelle ni n'est la conséquence de l'anorexie mentale.

Bien entendu, l'aménorrhée est absolument normale, par ailleurs, chez les femmes victimes de cette anomalie congénitale qui se caractérise par l'absence pure et simple d'utérus et d'ovaires.

• **En réflexologie**

Points réflexes:
glandes endocrines: ovaires, pituitaire (hypophyse), surrénales
organes: utérus, trompes de Fallope

AMYGDALITE

L'amygdalite est l'inflammation des amygdales, dont la fonction est de protéger les voies respiratoires supérieures contre les microbes, en produisant des globules blancs et des anticorps.

• **Symptômes**

Enflure des amygdales, mal de gorge, toux sèche, difficulté à avaler, maux de tête, inappétence.

• **En réflexologie**

Points réflexes:
zones concernées: amygdales
glandes endocrines: surrénales, thymus

ANÉMIE

L'anémie est la diminution de globules rouges ou d'hémoglobine (cette substance contenue dans les globules rouges du sang et qui renferme du fer). Elle est souvent le symptôme ou la conséquence d'une autre maladie, ou encore d'une alimentation insuffisante ou inadéquate.

• Symptômes

Les symptômes de l'anémie sont fort nombreux, car cette affection provoque des malaises à plusieurs niveaux. Outre que la condition générale de l'organisme va de faible à déplorable (selon la gravité et la durée de l'anémie), la personne qui en souffre est victime d'étourdissements fréquents, d'évanouissements (parfois), de problèmes de constipation ou de diarrhée, de gaz intestinaux abondants, de tachycardie (palpitations cardiaques), de gêne respiratoire (particulièrement l'essoufflement), de maux de tête souvent quotidiens, d'irritabilité et de nervosité, d'inappétence, de nausées et de malaises abdominaux divers.

En outre, la fatigue vient vite, le désir sexuel s'estompe et, chez la femme, les règles deviennent irrégulières.

• En réflexologie

Points réflexes:
organes: foie, intestin, rate

APPENDICITE

L'appendicite est l'inflammation de l'appendice, qui peut être aiguë ou chronique.

• Symptômes

Appendicite aiguë: La personne victime d'une crise d'appendicite aiguë est plutôt facile à identifier. La douleur qu'elle ressentira, au tout début de la crise, peut se situer soit dans la partie inférieure droite de l'abdomen, soit au creux de l'estomac. Cette douleur demeure fixe durant quelques heures accompagnée d'un mal-être général. La personne malade souffre de nausées, de douleurs abdominales diffuses et éprouve généralement une répulsion pour les aliments. Puis, la douleur, de plus en plus violente, prend sa place et va se stationner dans la partie inférieure droite de l'abdomen. Les nausées peuvent devenir des vomissements; il y a généralement de la constipation sévère, mais aussi parfois de la diarrhée. L'haleine est très mauvaise, la langue souvent sèche, les yeux sont cernés et parfois vitreux; la fièvre s'installe. Il faut alors prendre le chemin de l'hôpital avant que l'appendice éclate et provoque une péritonite.

Appendicite chronique: Il s'agit de douleurs plus diffuses, toujours dans la partie inférieure droite de l'abdomen. Ces douleurs s'apparentent davantage à une sensation désagréable, à un inconfort physique. Si les symptômes de l'appendicite aiguë ne sont pas au rendez-vous, on peut tenter de soulager la douleur grâce à la réflexologie.

• En réflexologie

Points réflexes:
zone concernée: appendice
glandes endocrines: surrénales
organe: côlon

RAPPEL: La réflexologie peut venir à bout de la douleur d'une appendicite chronique, mais en aucun cas de celle liée à une appendicite aiguë qui nécessite, généralement, une opération chirurgicale d'urgence.

ARTICULATION

Il existe de fort nombreuses affections articulaires divisées en trois grandes catégories.

– Les affections attribuables à un traumatisme, à une blessure, à un coup, à une entorse. Généralement, ces accidents provoquent tantôt l'étirement ou la déchirure d'un ligament, tantôt la fracture d'un os articulaire. Ces blessures, même après la guérison, ont tendance à laisser les articulations concernées plus vulnérables et faibles et peuvent causer, plus tard, une forme ou une autre d'arthrite.

– Les affections imputables à une infection. Celles-ci se subdivisent encore en deux catégories (les maladies infectieuses aiguës ou chroniques) et peuvent avoir une cause directe (infection à la suite d'une blessure) ou indirecte (infection propagée par le sang).

– Les affections dégénératives qui sont imputables à l'usure, au vieillissement, à une sollicitation excessive de certaines articulations, etc.

Comme les articulations du corps pourraient à elles seules faire l'objet d'un livre, je me contenterai de vous parler des maladies les plus fréquentes qui leur sont associées.

Note: Le mot «arthrite» est un terme générique qui englobe une foule de maladies (selon le répertoire de la Société d'arthrite du Canada), dont l'arthrite infectieuse, juvénile, réactive; l'arthrose, la dermatomyosite, la goutte, la fibromyalgie, le lupus érythémateux systémique, la maladie de Lyme, la maladie osseuse de Paget, le phénomène de Raynaud, la polyarthrite rhumatoïde, le rhumatisme psoriasique, la sclérodermie, la spondylarthrite ankylosante et le syndrome de Gougenot-Sjögren.

C'est par l'analyse du sang et du liquide articulaire que le médecin peut déterminer la forme d'arthrite et par les radiographies qu'il évaluera la gravité des lésions.

Voici donc une très brève description de trois affections articulaires parmi les plus fréquentes: l'arthrose, la goutte et la polyarthrite rhumatoïde. Bien entendu, chacune de ces affections a ses propres caractéristiques mais pour éviter d'alourdir le texte, j'ai dressé une seule liste des symptômes qui peuvent se rencontrer chez l'une ou l'autre des affections articulaires en général.

ARTHROSE

L'arthrose se définit comme étant une maladie à évolution lente, caractérisée par des lésions dégénératives (usure) des cartilages, se manifestant le plus souvent chez les personnes âgées de plus de soixante ans et touchant trois fois plus de femmes que d'hommes. De nos jours, il semblerait que 85 % des personnes âgées de plus de soixante-dix ans souffrent d'arthrose.

Le vieillissement n'est pas la seule cause de l'arthrose. Le fait de soumettre une articulation quelconque (genoux, coudes, hanches) à des contraintes mécaniques lourdes ou répétitives est également un facteur qui risque, à plus ou moins long terme, de déclencher cette affection articulaire.

L'arthrose se localise surtout aux genoux, au dos (colonne vertébrale), aux pieds, aux hanches ainsi qu'aux doigts avec une nette prédilection pour les pouces.

GOUTTE

La goutte, qui touche surtout (mais pas uniquement) les sujets mâles de plus de quarante ans, est imputable à un excès d'acide urique dans l'organisme. Cet acide urique en excès se cristallise et se dépose sur les articulations (particulièrement l'articulation du gros orteil ou celles de la jambe) et cause de vives douleurs. La cause de la goutte est essentiellement d'origine alimentaire. La consommation de ris de veau, de rognons et de foie, notamment, contribue à augmenter le taux d'acide urique dans le sang.

POLYARTHRITE RHUMATOÏDE

Les cibles de la polyarthrite rhumatoïde sont, de façon générale, plus jeunes que celles de l'arthrose. Bien que le jeune enfant (précocement) et la personne âgée (tardivement) puissent en être atteints, c'est généralement entre trente et cinquante ans que se déclare cette douloureuse affection qui touche 1 % de la population canadienne et trois fois plus de femmes que d'hommes. C'est une maladie chronique, à évolution lente, et dont les dommages sont permanents. Voici quelques informations concernant la polyarthrite rhumatoïde empruntées sur le site de la Société d'arthrite du Canada.

La polyarthrite rhumatoïde:

– cause une inflammation du tissu conjonctif qui tapisse les articulations ou les organes;

– entraîne des lésions dans de nombreuses articulations dans tout l'organisme. Ces lésions peuvent être observées dans les cartilages, les tendons, le os et les ligaments;

– se loge particulièrement dans les articulations de la main, du coude, de l'épaule, du cou, de la mâchoire, de la hanche, du genou, de la cheville et des pieds et, en général, son atteinte est symétrique, c'est-à-dire que s'il y a inflammation dans les articulations de la main droite, il est fort probable qu'elle se manifeste également dans la main gauche.

• **Symptômes généraux des maladies articulaires**

Douleurs spontanées (dans les cas aigus) et insidieuses (dans les cas chroniques), continues ou intermittentes, toujours aiguës, intenses, violentes; sensation de déchirure, de pression; rougeurs, augmentation de la température de la peau, enflure, craquements douloureux, gonflement de la région affectée; difficultés dans les mouvements concernés par la partie touchée et, dans certains cas, déformation du membre; hypersensibilité allant jusqu'à l'incapacité de supporter quelque contact que ce soit, et dans le cas particulier de la goutte, cette incapacité va jusqu'à ne pas pouvoir endurer le seul frôlement d'un drap léger et, souvent, jusqu'à l'impossibilité de se chausser.

En ce qui concerne la polyarthrite rhumatoïde, ajoutons également qu'elle peut provoquer des poussées de fièvre assez fortes, entraîner un amaigrissement et avoir des répercussions un peu partout dans l'organisme.

• En réflexologie

Points réflexes:
Commencer par faire un massage complet des pieds; puis de la zone concernée: coudes, genoux, hanches, etc.
glandes endocrines: surrénales, pituitaire (hypophyse)
+ glandes parathyroïdes et plexus solaire

ASTHME

L'asthme est une affection des voies respiratoires. Elle se caractérise par des crises dont la fréquence et l'intensité varient d'une fois à l'autre et d'un individu à l'autre selon un grand nombre de facteurs. L'asthme ne fait aucune discrimination quant à l'âge de ses victimes (du nourrisson à la personne plus âgée) ni quant à leur sexe, puisque les hommes et les femmes semblent être touchés également par cette maladie.

Les crises d'asthme disparaissent généralement avec un bon traitement, souvent donné en clinique, à base de médicaments bronchodilatateurs.

• Symptômes

La crise d'asthme entraîne une respiration qui est très typique et qui se reconnaît aisément au sifflement provoqué par le souffle court et ardu de la personne qui en est victime. Elle est généralement accompagnée de toux, tantôt sèche, tantôt grasse. L'asthmatique éprouve, lorsqu'il est en crise, une impression d'oppression, d'étouffement, de suffocation et d'asphyxie. La crise peut alors être aggravée par le sentiment de panique ressentie par le malade, à ce moment-là.

• **En réflexologie**

Points réflexes:
glandes endocrines: surrénales + plexus solaire
organes: bronches, poumons, diaphragme, valve iléocæcale

ATHÉROSCLÉROSE

L'athérosclérose est «une affection dégénérative des artères associant les lésions de l'artériosclérose (lésion de la paroi des artères aboutissant à leur durcissement) et celles de l'athérome (dégénérescence graisseuse de la tunique interne des artères)» (extrait de: *Les vertus du raisin pour la santé*, de Brian Weil, Éditions Quebecor).

Cette maladie dégénérative est de plus en plus répandue dans notre société moderne. Cet état est largement imputable à une mauvaise alimentation, particulièrement une consommation outrancière de graisses animales et de fritures, bien que l'athérosclérose puisse aussi être associée à des facteurs héréditaires.

L'athérosclérose, plus fréquente chez l'homme que chez la femme, est une maladie grave, à évolution lente, qui peut provoquer, à son tour, d'autres maladies (parfois mortelles) comme des affections cardiovasculaires (angine, infarctus, etc.) et des accidents vasculaires cérébraux.

• **Symptômes**

Les symptômes peuvent se manifester sur le plan physique ou nerveux (psychique). Parmi ceux-ci, on trouve des spasmes, des problèmes d'élocution, des douleurs dans la poitrine, des troubles d'équilibre et une certaine diminution de la mobilité.

• **En réflexologie**

Points réflexes:
glandes endocrines: surrénales et thyroïde

zones importantes: pieds, mains et tête
organe: foie

BLESSURE DITE D'ESTOMAC OUVERT

Si vous êtes victime de malaises semblables à ceux de l'angine de poitrine et que vous savez que vous n'en faites pas, alors il est possible qu'il y ait une légère fissure dans le centre de votre thorax. C'est ce que l'on nomme la blessure d'estomac ouvert.

Pour faire disparaître cette douleur, il suffit de porter une bande double de coton d'environ 15 cm (6 po) de large, avec une fermeture en bande velcro qui couvrira sa largeur afin de pouvoir garder une certaine pression. Mettez la bande en place (le bas de la bande doit être à la hauteur de la dernière côte du bas du thorax), puis faites une paire de bretelles avec deux bandes de coton d'environ 2,5 cm (1 po) de largeur afin d'éviter que le bandage glisse sur la poitrine. Portez ce bandage pendant quatre jours complets (nuit et jour) et veillez à ne faire aucun effort physique afin de donner la chance à la blessure de se cicatriser. Évitez de lever les bras, ce qui pourrait avoir pour conséquence de faire rouvrir le thorax.

Après les quatre premiers jours, continuez de porter le bandage pendant une semaine, le jour seulement; vous pouvez le retirer avant d'aller dormir. Par la suite, selon la douleur (elle peut être partie), vous pouvez décider de porter le bandage une autre semaine, ou encore ne le porter que durant des demi-journées. Faites attention pendant environ huit à dix semaines, et évitez particulièrement de faire des efforts avec les bras tendus vers le haut.

Ce type de blessure peut être imputable à de nombreuses causes, notamment si vous êtes de ceux qui appuient leur estomac sur le bord du bain pour le laver, si vous avez été victime d'une chute ou si vous faites des efforts excessifs dans des exercices qui impliquent d'avoir les bras tendus vers le haut.

Souvent, les radiographies ne peuvent détecter cette fissure qui n'est parfois guère plus longue que 1 mm. Cependant, cette minuscule fissure est suffisante pour empêcher l'énergie de passer à cet endroit. Ainsi, au fur et à mesure qu'elle se refermera et que l'énergie se remettra à circuler, vous constaterez la disparition de la douleur.

• **En réflexologie**

Points réflexes:
glandes endocrines: thymus + plexus solaire
organe: estomac

BRONCHITE

Le mot «bronchite» est un terme générique qui englobe toutes les maladies reliées aux bronches; il comporte deux grandes catégories: la bronchite aiguë et la bronchite chronique.

BRONCHITE AIGUË

Elle se manifeste souvent au cours d'une grippe et se traduit par une infection des voies respiratoires supérieures comme la bronchiolite (maladie infantile), la rhinite, la pharyngite, la laryngite, la trachéite ou l'amygdalite.

BRONCHITE CHRONIQUE

Insidieuse, sournoise et à évolution lente, la bronchite chronique est la forme la plus commune de la bronchite et se traduit par de la toux et une hypersécrétion muqueuse qui entraînent des expectorations quotidiennes. Les quintes de toux et les expectorations sont plus violentes et plus abondantes au réveil et dans certaines conditions telles que le froid, l'humidité, la poussière, la présence de tapis, certains pollens et la fumée. La bronchite est dite chronique sitôt qu'une personne présente les symptômes mentionnés précédemment de façon quotidienne, au moins trois mois par année, et ce, durant au moins deux années consécutives. Lentement mais sûrement, la bronchite chronique conduit sa victime à l'emphysème pulmonaire, un état très grave.

Le plus grand facteur de risque et d'aggravation est incontestablement l'usage du tabac.

• Symptômes

Raucité de la voix, quintes de toux longues, parfois violentes et toujours épuisantes; quelquefois fièvre, difficultés respiratoires, respiration courte et parfois sifflante, mauvais goût dans la bouche lorsqu'il y a toux, chatouillement des sécrétions qui se promènent dans les bronches et laissent entendre un gargouillis désagréable et dérangeant que la personne grippée a du mal généralement à expectorer.

• En réflexologie

Points réflexes:
glandes endocrines: surrénales
organes: bronches, valve iléocæcale

BURSITE ET TENDINITE

Je traite ces deux malaises sous la même rubrique car bien que la bursite et la tendinite soient deux blessures inflammatoires différentes, leurs symptômes sont essentiellement les mêmes.

La bursite se caractérise par l'inflammation de la bourse séreuse (petit sac-coussin contenant un peu de liquide et faisant office de tampon protecteur entre un muscle ou un tendon et une surface osseuse), tandis que la tendinite est l'inflammation même du tendon du muscle, le tendon étant une substance fibreuse par laquelle un muscle s'attache sur un os.

La tendinite et la bursite sont provoquées tantôt par des mouvements sans cesse répétés, tantôt par des mouvements brusques, intenses ou violents, ce qui, dans un cas comme dans l'autre, sollicite le ou les tendons et multiplie les frottements sur les bourses, d'où l'inflammation.

• **Symptômes**

Les douleurs imputables à une bursite ou à une tendinite sont très violentes et intenses: impression de brûlure, de déchirure, de coups de couteau; gêne dans les mouvements qui requièrent l'assistance du muscle inflammé allant même jusqu'à l'incapacité d'accomplir certains mouvements pourtant simples et faciles.

• **En réflexologie**

Points réflexes:
zones concernées: épaule, coude, hanche, etc.
glandes endocrines: surrénales + parathyroïdes

CATARACTE

Cette affection (qui apparaît rarement avant la cinquantaine) est indolore et peut se manifester dans un seul œil ou dans les deux yeux.

La diminution de l'acuité visuelle est progressive et évolue généralement vers la cécité. L'opération de la cataracte consiste en la section de la cornée, l'ouverture de la capsule et l'ablation du cristallin.

• **Symptômes**

La cataracte commence par une vision trouble, une impression de brouillard, de voile devant les yeux. Puis, la vue baisse peu à peu et il devient de plus en plus difficile, pour la personne qui en est victime, de discerner les formes et les couleurs.

• **En réflexologie**

Points réflexes:
zones concernées: yeux + cou
organes: reins

CÉPHALÉE
(ou mal de tête)

La céphalée, plus communément appelée mal de tête, est une affection très courante. On affirme que plus de la moitié de la population en souffre.

• **Symptômes**

La céphalée se caractérise par des douleurs, plus ou moins intenses, situées soit dans une partie du crâne (sommet, front, tempes), soit dans sa totalité, soit dans la base du crâne, à la nuque.

Il y a différents types de céphalée. Il y a la céphalée passagère, celle du lendemain de la veille ou celle qui succède à une période de surmenage ou d'activités harassantes, et la céphalée récurrente, celle qui revient ponctuellement et qui est non seulement dérangeante mais douloureuse. La première prend généralement fin après une bonne nuit de sommeil et une ou deux journées de repos, mais la seconde ne laisse pas beaucoup de répit aux personnes qui en sont victimes.

Dans cette seconde catégorie, il y a la céphalée aiguë qui peut durer quelques heures seulement et la céphalée chronique qui, elle, persiste plusieurs mois.

La personne qui souffre de céphalée ressent, à l'intérieur de sa tête, des battements, des pulsations, plus ou moins violemment et douloureusement scandées par la circulation du sang dans les artères. La céphalée peut être subite et violente ou insidieuse et graduelle; il y a presque toujours une sensation de pression, de serrement. La douleur peut être continue, constante ou alors intermittente; elle s'accompagne parfois de vomissements et peut être (ou pas) augmentée par l'accomplissement des tâches quotidiennes. Généralement, la personne aux prises avec une céphalée a beaucoup de mal à tolérer le bruit et la lumière.

Les causes des maux de tête sont innombrables et il est important de les chercher et de faire le maximum pour les éliminer. En effet, la céphalée, par son caractère commun et sa réputation de malaise «ordinaire», peut sérieusement entacher la qualité de vie de ceux qui en souffrent. Par ailleurs, elle peut présager une maladie plus grave.

• **En réflexologie**

Points réflexes:
glandes endocrines: thyroïde pour les céphalées de nuque; pituitaire (hypophyse) et pinéale (épiphyse) pour les autres
zones importantes: cou et colonne vertébrale
organe: cerveau

CIRRHOSE

La cirrhose est une affection reliée au foie. Elle se caractérise généralement par la diminution du volume de cet organe (atrophie) dont les cellules subissent bien des ravages et des dommages avant leur anéantissement permanent.

Dans certains cas plus rares, le foie, sous l'effet de la cirrhose, s'hypertrophie, c'est-à-dire augmente de volume.

• **Symptômes**

La personne victime d'une cirrhose souffre d'inappétence, de constipation, et perd du poids. Elle a l'impression permanente d'une indigestion imminente; d'ailleurs, les vomissements sont également un des symptômes de cette maladie. En réalité, on peut dire que le mal-être ressenti s'étend, au fur et à mesure de la progression de la maladie à tout l'organisme.

• **En réflexologie**

Points réflexes:
glandes endocrines: pancréas, surrénales, pituitaire (hypophyse) + plexus solaire
organes: foie, vésicule biliaire, rate, intestin, reins

COLITE

La colite est l'inflammation du côlon. Le côlon est la plus grande partie du gros intestin et, dans la pratique, il se divise en trois segments qui portent chacun leur propre dénomination. Ainsi, on parle de côlon ascendant (ou droit) pour la partie de cette viscère qui monte jusqu'au foie; de côlon transverse, dès que la viscère rendue au foie décrit un angle transversal; et de côlon descendant (ou gauche), pour la partie qui redescend jusqu'au rectum, en transportant les déchets.

Les colites ne sont généralement ni constantes ni permanentes; elles sont intermittentes et surviennent par crises dont la durée peut varier de quelques semaines à quelques mois, périodes parfois interrompues d'accalmies.

• **Symptômes**

La personne qui est victime de colite éprouve des douleurs abdominales, a de la diarrhée et il y a, quelquefois, présence de sang dans les selles.

• **En réflexologie**

Points réflexes:
glandes endocrines: surrénales
organes: côlon, diaphragme, foie, vésicule biliaire

COLONNE VERTÉBRALE
(malaises de la)

Chez l'homme, la colonne vertébrale est composée de vingt-quatre vertèbres placées les unes au-dessus des autres et reliées entre elles par des disques fibrocartilagineux et des disques intervertébraux. Ces vingt-quatre vertèbres se divisent en trois groupes, dont sept composent les vertèbres cervicales (les deux premières, modifiées pour supporter la tête, prennent le nom d'atlas et d'axis); douze autres vertèbres composent les vertèbres thoraciques (ou dorsales) qui supportent douze paires de côtes; enfin, il y a les cinq dernières vertèbres, appelées vertèbres lombaires.

À ces vertèbres typiques, il faut cependant ajouter d'autres vertèbres atrophiées et soudées ensemble que sont le sacrum et le coccyx.

Ces vertèbres sont rattachées par deux pédicules à un arc osseux circonscrivant un trou au milieu duquel se trouve un canal, appelé trou vertébral, et autour duquel se trouvent les saillies ou apophyses, c'est-à-dire l'ensemble des corps superposés qui constituent précisément le rachis (ou colonne vertébrale) sur lequel les membres prennent leur point d'appui.

L'ensemble des trous vertébraux forme le canal médullaire qui renferme la moelle épinière, et la grande veine lymphatique du canal thoracique, dite aussi citerne ou réservoir de Pecquet, qui naît dans l'abdomen au niveau de la deuxième vertèbre lombaire.

• En réflexologie

Pour les malaises reliés à la colonne vertébrale, massez les points qui lui correspondent.
glande endocrine: thymus

CONJONCTIVITE

La conjonctive est la membrane muqueuse transparente qui tapisse l'intérieur des paupières et les unit au globe oculaire sur lequel elle se continue jusqu'à la cornée. La conjonctivite est l'inflammation de la conjonctive.

• **Symptômes**

La conjonctivite s'installe parfois dans un seul œil, parfois dans les deux. L'œil devient rouge (on appelle d'ailleurs la conjonctivite la «maladie des yeux rouges») et la personne qui en souffre subit une irritation de l'œil et a constamment l'impression d'avoir, dans celui-ci, des corps étrangers qui s'apparentent à des grains de sable. Bien entendu, les démangeaisons oculaires sont bien présentes et en raison du pus contenu dans les sécrétions de l'œil, les cils, au réveil, sont généralement collés et agglutinés.

• **En réflexologie**

Points réflexes:
zones concernées: yeux
zone importante: cou
glandes endocrines: surrénales
organe: rate

CONSTIPATION

La constipation, c'est le retard dans l'évacuation des selles et la difficulté à y arriver. Malaise souvent symptomatique d'autres affections, elle provoque essentiellement des douleurs abdominales. Cependant, le fait de forcer sans cesse pour aller à la selle peut amener d'autres affections, notamment les hémorroïdes.

Autrefois, une personne était jugée constipée dès qu'elle n'allait pas à la selle une fois par jour et souffrait de diarrhée si elle avait le malheur d'y aller une seconde fois. Fort heureusement, aujourd'hui, on a compris que chaque personne possède son propre rythme d'évacuation, celui-ci relevant de plusieurs facteurs. Ainsi, certaines personnes vont à la selle trois fois par jour, et d'autres une fois tous les quatre, cinq ou six jours. Toutefois, à partir de trois jours de non-évacuation, il est bon de se demander s'il ne s'agirait pas de constipation.

Ce qu'il importe de savoir, c'est que la constipation se caractérise par des selles peu fréquentes, peu abondantes, dures et difficiles à évacuer. Elle provoque généralement des douleurs abdominales.

Aujourd'hui, de plus en plus de médecins recommandent l'augmentation de l'apport de fibres dans l'alimentation, car elles favorisent l'expulsion des déchets.

• En réflexologie

Points réflexes:
glandes endocrines: surrénales
organes: intestin, foie, vésicule biliaire

CRAMPE

Les crampes ne sont pas une maladie mais un symptôme. Elles sont des contractions douloureuses, involontaires et plus ou moins passagères, d'un muscle ou d'un groupe de muscles.

La douleur que la crampe provoque est souvent intense et violente; elle peut ne durer que quelques minutes mais parfois, elle semble vouloir s'éterniser. Les jambes (essentiellement les mollets), les pieds et les orteils (qui parfois se déforment sous l'effet de cette contraction) sont les régions du corps les plus fréquemment affectées. Mais il y en a d'autres, plus rigolotes, comme la légendaire «crampe de l'écrivain» qui s'empare de la main et des doigts qui poussent le crayon. En réalité, tous les muscles du corps sont des zones potentielles pour les crampes, notamment les muscles des cuisses, des bras et de l'abdomen.

Quand la douleur d'une crampe atteint son paroxysme, il en résulte une paralysie (partielle et temporaire). Quand tout rentre enfin dans l'ordre, il subsiste généralement une faible douleur au toucher de la zone concernée.

Sont particulièrement sujets aux crampes les athlètes et, de façon plus générale, toutes les personnes qui pratiquent des exercices physiques prolongés sollicitant beaucoup les muscles. Il semblerait également que les personnes âgées soient plus sujettes aux crampes que les personnes plus jeunes. Le port de chaussures à talons hauts chez les femmes qui n'y sont pas accoutumées ou les longues stations debout provoquent souvent, dès que cesse l'effort fourni, une espèce d'insurrection des muscles qui protestent par des crampes, le plus souvent nocturnes.

• En réflexologie

Points réflexes:
zones concernées: celle où il y a crampe + colonne vertébrale
glandes endocrines: surrénales + parathyroïdes

CRAMPE MENSTRUELLE

Les crampes menstruelles sont une véritable calamité que plusieurs femmes ont à subir une douzaine de fois par année, c'est-à-dire plus ou moins 450 fois au cours de leur existence.

Si on considère que les crampes durent en moyenne deux jours par mois, cela fait près de mille jours de crampes et d'élancements (le plus souvent dans le bas-ventre), souvent extrêmement violents allant jusqu'à provoquer, chez bon nombre de femmes, l'évanouissement ou encore l'obligation de s'aliter parce que la douleur rend impossible l'accomplissement de quelque tâche que ce soit.

• **En réflexologie**

Points réflexes:
glandes endocrines: ovaires, pituitaire (hypophyse)
organes: utérus, trompes de Fallope

CYSTITE

La vessie occupe la partie antéro-supérieure de la cavité pelvienne, en avant du rectum chez l'homme et en avant de l'utérus chez la femme. Vide, elle a une forme triangulaire. De l'arrière, elle reçoit les uretères (qui viennent des reins), et du bas, à l'avant, par une partie amincie, elle s'ouvre dans l'urètre, entourée par la prostate chez l'homme et par l'utérus chez la femme. D'ailleurs, l'homme peut occasionnellement souffrir d'inflammation de la prostate (voir Prostatite à la page 97), ce qui cause de la difficulté à uriner. La cystite, communément appelée infection urinaire, est l'inflammation des parois de la vessie.

• **Symptômes**

Les principaux symptômes auxquels on reconnaît une cystite est la fréquente envie d'uriner, l'extrême difficulté à le faire, l'infime quantité de miction qui résulte souvent de l'envie et la douleur aiguë (qui peut arracher les larmes) qui survient presque tout au long du processus urinaire mais, surtout, lorsque la miction tire à sa fin. Ces symptômes sont généralement accompagnés d'une douleur diffuse dans le bas-ventre et quelquefois de douleurs au bas du dos.

L'urine est souvent trouble, dégage une mauvaise odeur et on y trouve occasionnellement du pus.

• **En réflexologie**

Points réflexes:
glandes endocrines: surrénales
organes: reins, uretère, vessie

DÉPRESSION

Il existe plusieurs types de dépression: la dépression saison-
nière (la plus fréquente étant la dépression hivernale); la dépression psychotique (avec hallucinations), mélancolique
(reliée à un état particulier), réactionnelle (en réaction à un
événement désagréable) et bien d'autres. La dépression peut
être légère ou lourde, passagère ou chronique. Les symptômes
sont sensiblement les mêmes pour un type de dépression que
pour un autre, si on exclut les hallucinations inhérentes à la
dépression psychotique.

• **Symptômes**

Ils sont presque aussi nombreux que peuvent l'être les tempé-
raments et la manière de réagir des personnes qui en sont
victimes. La dépression nerveuse se manifeste par des symptômes d'une extrême variété et touchant tous les secteurs de la
vie: amoureux, social, familial. Ces symptômes sont tantôt
physiques, tantôt psychiques. Ils peuvent être d'ordre émotionnel, intellectuel, spirituel, professionnel, etc.

En voici une liste non exhaustive. Le dépressif a généralement l'impression d'être vide de toute énergie, d'être tout à
fait inutile, inefficace et improductif, ce qui l'amène généralement à perdre toute estime de lui et toute confiance en lui; il
souffre d'un intense sentiment de culpabilité et s'accuse de
tout ce qui ne va pas; son humeur fluctue au gré de ses émotions. Ses crises de larmes sont nombreuses. Il souffre de difficultés de sommeil, d'insomnie, fait des cauchemars et ressent
une très grande fatigue quasiment permanente. Parce qu'il

éprouve beaucoup de difficulté à se concentrer et à réfléchir et qu'il n'a plus aucune motivation, il est presque impossible de l'amener à faire des projets ou même à rationaliser et à relativiser l'ampleur d'un événement ou d'un problème. Il a, en outre, l'impression d'être mis à l'écart et d'être incompris de tous. Irritable et nerveux, la vie n'a plus de sel pour lui. Il a parfois des comportements qui frisent l'obsession et la morbidité. Les baisses de libido sont très fréquentes ainsi qu'une très forte tendance à l'autodépréciation.

Quand la dépression atteint un stade encore plus avancé, la personne atteinte, victime du désespoir, entretient des idées suicidaires.

Sur le plan physique, il y a, bien sûr, la carence d'énergie, la difficulté à bouger, à agir et à réagir; des difficultés au niveau de l'appareil digestif (inappétence, indigestions), des maux de tête allant jusqu'à la migraine, des malaises au niveau de la colonne vertébrale, un amaigrissement anormal dû au manque d'appétit, une absence de libido, des crises d'angoisse et d'anxiété et des troubles menstruels.

• **En réflexologie**

Points réflexes:
glandes endocrines: toutes les glandes endocrines

DIABÈTE

Le pancréas est l'organe le plus important du tube digestif même s'il ne pèse que le vingtième du poids du foie.

Le pancréas est une glande abdominale située à l'arrière de l'estomac, au bas des côtes et sur le côté gauche. C'est une glande en grappes de couleur blanchâtre ou rosée, située devant la première et la deuxième vertèbre lombaire, et sa forme ressemble à une langue de chien. Il touche la rate (qui est située totalement à gauche) et le duodénum à droite.

25

Le pancréas possède des îlots cellulaires qui sécrètent l'insuline, qui passe directement dans le sang et qui a pour but d'éliminer les excédents de sucre, prévenant, notamment, le diabète.

Il existe de nombreux types de diabète (insipide, gestationnel, etc.) mais lorsqu'on ne lui accole aucun qualificatif, on sous-entend qu'il s'agit de diabète sucré. Le diabète, donc, est une maladie (héréditaire) provoquée par un pancréas déficient qui ne produit plus assez d'insuline, cette hormone essentielle au maintien d'un taux équilibré de sucre dans le sang.

Le diabète entraîne souvent l'installation d'autres maladies, notamment l'artériosclérose.

• **Symptômes**

Si vous souffrez d'une soif intense, quasi inextinguible, si vos urines sont abondantes, si vous avez grand appétit et que, malgré celui-ci, vous perdez du poids et si vous vous sentez souvent fatigué, sans raison apparente, alors consultez votre médecin car vous souffrez peut-être de diabète sucré.

NOTE: Attention! Une personne victime de diabète qui n'est pas diagnostiquée et qui, par conséquent, ne reçoit pas les traitements requis risque de tomber dans un coma diabétique mortel.

• **En réflexologie**

Points réflexes:
glandes endocrines: pancréas, surrénales, pituitaire (hypophyse)
organe: foie

DIARRHÉE

La diarrhée, liée aux fonctions du système digestif, n'est pas une maladie mais plutôt un symptôme (par ailleurs très commun); elle peut être aiguë ou chronique.

Dans un cas comme dans l'autre, la diarrhée se caractérise par des selles fréquentes, davantage liquides que solides.

La diarrhée aiguë est généralement imputable à un assaut microbien sur les parois intestinales provoquant l'inflammation de celles-ci, d'où la diarrhée. Ce type de diarrhée dure rarement plus de deux jours bien qu'elle puisse être extrêmement forte.

La diarrhée chronique, celle qui dure plus de deux semaines et qui revient de façon ponctuelle, est plus inquiétante et nécessite toujours un examen médical approfondi afin d'en trouver les causes. La diarrhée chronique est généralement le signe avant-coureur d'une maladie qui peut s'avérer très grave.

• **En réflexologie**

Points réflexes:
glandes endocrines: surrénales + plexus solaire
organes: foie, vésicule biliaire, valve iléocæcale, intestin

ECZÉMA

L'eczéma est une affection de la peau caractérisée par des rougeurs, des squames (lorsque la peau pèle) et des lésions qu'on appelle des «vésicules» et qui sont des boursouflures de l'épiderme contenant un liquide séreux. Ces vésicules, lorsqu'elles se rompent, laissent échapper une épaisse sérosité, ce qui occasionne la formation de croûtes.

Il existe deux grands types d'eczéma: l'eczéma de contact et l'eczéma atopique.

• **Symptômes**

L'eczéma de contact

L'eczéma de contact, comme son nom l'indique, est celui qui est provoqué par le contact d'une substance allergène et qui fait réagir l'épiderme (rougeurs, démangeaisons, lésions, etc.)

presque instantanément. Le problème consiste à déterminer la substance qui en est responsable; cela peut être à peu près n'importe quoi: détergent à lessive, savon, shampoing, chandail de laine, bottes de cuir, veste en lin, produit chimique quelconque, ingrédient d'une ombre à paupières, substance contenue dans une crème à mains, etc. Bien entendu, le fait de ne pas savoir d'où provient l'allergie entraîne souvent des contacts répétés avec la substance nocive et s'installe alors l'eczéma chronique.

L'eczéma atopique

L'eczéma atopique est un type de dermatose héréditaire. Généralement, il se localise à différents endroits selon l'âge de la personne atteinte. Chez le bébé, on le trouve sur le cuir chevelu et dans le visage, particulièrement sur les joues; chez l'enfant, on peut noter sa présence dans les endroits où les membres font des plis, c'est-à-dire dans le creux des coudes, derrière les genoux, aux chevilles et aux poignets; chez l'adulte, l'eczéma atopique se localise sur le thorax et dans le visage (particulièrement sur le front).

• Symptômes

Dans un cas comme dans l'autre, les démangeaisons sont intenses, continuelles et frisent souvent l'insupportable. La peau, à la longue, s'assèche. Le fait de se gratter, envie souvent irrépressible chez les enfants et involontaire durant la nuit chez les petits comme chez les grands, augmente évidemment les risques de propagation de l'infection.

Il semblerait qu'une large place soit donnée à la vie émotionnelle dans la liste des facteurs d'aggravation de l'eczéma atopique.

• En réflexologie

Points réflexes:
glandes endocrines: surrénales, thyroïde
organes: foie, poumons, reins, intestin

EMPHYSÈME

L'emphysème se caractérise par la dilatation des bronches et l'augmentation du volume des alvéoles pulmonaires, entraînant une insuffisance respiratoire imputable au fait que les poumons (dans leur ensemble) ont perdu la propriété de reprendre leur volume primitif normal.

Suivant un itinéraire complexe, l'emphysème est une maladie à évolution lente et progressive; elle est incurable bien qu'il soit possible (avec une stricte discipline) d'en réduire les effets et d'en soulager quelque peu les symptômes.

L'emphysème est souvent la conséquence d'une autre maladie ou affection des voies respiratoires (comme l'asthme et la bronchite) négligée ou mal soignée.

La personne atteinte se voit toujours mise dans l'obligation de réduire son train de vie, car son corps n'est plus capable de suivre un rythme normal.

L'emphysème occasionne non seulement une gêne mais aussi une insuffisance respiratoire. Pour réduire les effets pernicieux de cette maladie pulmonaire, il faut veiller notamment à avoir une hygiène de vie très pointilleuse (sans poussière, fumée, acariens, polluants, etc.) et éviter toute situation potentiellement émotive ou stressante.

• Symptômes

Les symptômes les plus évidents de l'emphysème sont la toux chronique, les difficultés respiratoires, l'essoufflement, l'émission d'un souffle striduleux et sifflant, de l'enflure au niveau des chevilles et une coloration bleue de la peau, particulièrement des lèvres.

• En réflexologie

Points réflexes:
glandes endocrines: surrénales, thyroïde + plexus solaire
organes: poumons, bronches, diaphragme

ÉPILEPSIE

L'épilepsie se divise en deux catégories: le petit mal, qui affecte les enfants de quatre à seize ou dix-sept ans et qui se nomme aussi absence, et le grand mal, qui affecte les adultes.

• **Symptômes**

Le petit mal

Il s'agit ici d'un très bref évanouissement qu'il serait préférable de qualifier de perte de conscience, car l'absence momentanée, qui caractérise cette affection, est très éphémère (elle ne dure souvent que quelques secondes) et, en raison de sa brièveté, elle n'est souvent même pas perçue par les membres de l'entourage. En réalité, cette absence peut très facilement être associée à l'expression «être dans la lune». L'enfant ou l'adolescent victime du petit mal aura le regard fixe, ou il clignera rapidement des yeux.

Le grand mal

Cette affection est beaucoup plus inquiétante que le petit mal. Ses manifestations sont nombreuses: évanouissement suivi d'une chute, convulsions anarchiques provoquant des raideurs dans tous les membres et des mouvements involontaires et désordonnés; il y a souvent danger que la personne en crise se morde cruellement la langue. De l'écume peut apparaître aux lèvres; il y a suffocation, halètement, essoufflement et, de façon générale, une gêne respiratoire.

Une crise d'épilepsie dure en moyenne quinze minutes bien qu'elle puisse être un peu plus brève ou un peu plus longue. Si la personne ne se souvient de rien, elle éprouve cependant une grande fatigue.

• **En réflexologie**

Points réflexes:
zones importantes: cou + de façon générale, toute la colonne vertébrale

glandes endocrines: toutes les glandes endocrines
organe: diaphragme

ÉPISTAXIS
(ou saignement de nez)

Le nez est fait de deux trous à sa base (les narines), qui servent à l'odorat. Ces conduits sont séparés par une mince cloison faite de deux os, le cartilage des ailes et le cartilage de la cloison, et conduisent les odeurs au cerveau pour qu'elles soient en quelque sorte analysées pour nous permettre par la suite de les différencier.

Les muqueuses servent à retenir les poussières, mais aussi à réchauffer l'air que l'on inspire avant qu'il pénètre dans les sinus, situés au-dessus des yeux. Ces derniers filtrent à leur tour les poussières et réchauffent l'air avant qu'il parvienne cette fois aux bronches, puis aux poumons, où il fournira l'oxygène nécessaire au sang.

L'épistaxis est le nom scientifique pour désigner les saignements de nez (aussi appelés hémorragie nasale), une affection plutôt bénigne. Cependant, elle est dérangeante. Elle peut être causée, notamment, par un coup reçu sur le nez (ou à proximité), par une infection (sinusite), par un mouchage trop fort, etc., ce qui occasionne le bris de petits vaisseaux sanguins situés dans la partie antérieure du nez et qui font partie d'un réseau nommé la «tache vasculaire de la cloison du nez».

Les personnes souffrant d'une certaine fragilité capillaire à cet endroit saigneront plus fréquemment du nez que d'autres.

Les saignements de nez ne sont pas une maladie, mais plutôt un malaise dont ils sont, l'unique symptôme.

• **En réflexologie**

Points réflexes:
zone concernée: nez
glandes endocrines: pancréas + plexus solaire
organes: reins

FRILOSITÉ

La frilosité est un comportement frileux qui se manifeste par une sensibilité (qui paraît souvent excessive vue de l'extérieur) au froid. En fait, la personne qui en souffre a beaucoup de mal à se réchauffer «de l'intérieur», et ce, même si la température ambiante est confortable.

Il peut s'agir du symptôme d'une quelconque affection (plus ou moins importante) ou, tout simplement, d'une circulation sanguine défaillante. Par ailleurs, la frilosité touche souvent les personnes qui sont dans un grand état de fatigue.

• **Symptômes**

Les principaux symptômes de la frilosité sont les frissons, les tressaillements involontaires, les tremblements. La personne qui en souffre a l'impression qu'elle ne pourra jamais se réchauffer et a généralement l'extrémité des membres et le bout du nez très froids.

NOTE: Un bain de pieds chaud suivi d'un bon massage aident à rétablir la circulation.

• **En réflexologie**

Points réflexes:
glandes endocrines: surrénales, thyroïde
organe: foie

GAZ
(stomacal et intestinal)

Quand on parle de gaz stomacal ou intestinal, on parle d'une accumulation de gaz dans l'estomac ou dans les intestins provenant de la fermentation des aliments ingérés.

Il ne s'agit pas, bien sûr, d'une affection (quoique les gaz soient souvent le symptôme d'une maladie) mais plutôt, de façon générale, d'un désordre, d'une perturbation physique que les scientifiques qualifient du terme générique de «flatulences» ou de «flatuosités» et qui se manifeste par des borborygmes inconvenants, souvent embarrassants (pour qui ne sait les retenir) et presque toujours malodorants.

• Symptômes

Les gaz occasionnent des ballonnements, des météorismes, de l'enflure, bref, un gonflement de l'abdomen provoquant un certain malaise qui peut se transformer en véritable douleur quand la personne aux prises avec ces gargouillis n'arrive pas à les évacuer.

On parle de rots et d'éructation quand le gaz provient de l'estomac; de flatulences, de vents ou plus communément de «pets» quand il est expulsé par l'anus.

• En réflexologie

Points réflexes:
glandes endocrines: surrénales, pancréas
organes: foie, vésicule biliaire, estomac, intestin

GLAUCOME

Le glaucome (qui touche essentiellement les personnes ayant dépassé la quarantaine) est une maladie de l'œil caractérisée par une augmentation de la pression intra-oculaire qui, en devenant excessive, accroît la dureté du globe et entraîne (progressivement, dans les cas chroniques), s'il n'est pas traité à temps, la destruction de celui-ci jusqu'à la cécité. Près de 15 % des cas de cécité sont la conséquence irréversible du glaucome.

• Symptômes

Aigu

C'est une urgence hospitalière; l'œil est rouge et très douloureux; la pupille est dilatée et fixe; il y a diminution de la vision, maux de tête et nausées ou vomissements.

Chronique

Il nécessite, dès l'apparition des premiers symptômes, une consultation médicale visant à enrayer sa progression. Il se manifeste plus insidieusement que dans sa forme aiguë. Par une action sournoise, souvent confondue avec les symptômes liés à d'autres affections, il atrophie, peu à peu, le nerf optique jusqu'à le détruire complètement. Les premiers signes sont souvent une difficulté à lire les petits caractères puis, avec le temps, de légers voiles viennent brouiller la vue de façon intermittente et éphémère. Les céphalées, banales, qui accompagnent le développement de ce type de glaucome peuvent être attribuables à n'importe quelle autre cause. Ceci dit, le fait de voir des halos, des auras autour des lumières est un signe qui devrait retenir votre attention.

• En réflexologie

Points réflexes:
zone concernée: yeux
région importante: cou
glandes endocrines: surrénales
organes: foie et reins

HÉMORROÏDE

Les hémorroïdes sont un type de varices (donc de veines dilatées) qui se situent tantôt à l'intérieur du canal ano-rectal, au-dessus du sphincter* (hémorroïdes internes), tantôt à l'extérieur de ce canal (hémorroïdes externes), tantôt à l'intérieur *et* à l'extérieur (hémorroïdes mixtes), ce dernier étant le plus fréquemment observé.

• Symptômes

En règle générale, les hémorroïdes provoquent de l'irritation ou des démangeaisons anales; en outre, elles provoquent des écoulements allant du simple suintement à l'hémorragie véritable, en passant par des saignements plus ou moins abondants et plus ou moins fréquents. Quand elles ne sont pas douloureuses (en dehors du moment de l'évacuation des selles), les hémorroïdes sont plus gênantes et dérangeantes. Dès que la vraie douleur s'installe de façon permanente, qu'elle devient excessive, alors c'est peut-être l'indice que les hémorroïdes sont en train d'évoluer vers une affection plus grave. Dès lors, il devient impérieux de consulter un médecin.

• En réflexologie

Points réflexes:
glandes endocrines: surrénales
organe: foie

HÉPATITE

Tout d'abord, quelques mots sur le foie... Le foie est l'un des viscères les plus volumineux du corps humain (avec son poids de plus ou moins 1 500 g) et sans doute aussi celui qui

---

*   Le sphincter est le muscle destiné à la continence de l'anus.

remplit le plus grand nombre de fonctions avec ses quelque cinq cents tâches différentes. Sa consistance est ferme et sa couleur varie du rouge au brun. Le foie est situé dans l'hypocondre droit qu'il remplit entièrement, puis il s'avance jusque dans l'hypocondre gauche qui, lui, contient tous les organes qui arrivent au foie (ou qui en partent), dont les veines, les vaisseaux lymphatiques, les filets nerveux, etc.

Le foie a pour principales fonctions la sécrétion de la bile, la fabrication du glucose, l'élaboration de l'urée et la destruction des substances toxiques. C'est en raison de ces nombreuses fonctions et de sa grande sensibilité que le foie est un lieu particulièrement propice à l'apparition de certaines maladies telles que le diabète (sous certaines formes), la jaunisse, la colique hépatique, le cancer, la syphilis, la tuberculose et la cirrhose.

Lorsque le foie et les reins ne réussissent pas à éliminer les déchets du corps, c'est souvent les poumons qui prennent la relève et qui se chargent de cette tâche. Toutefois, s'il y en a une trop grande quantité ou si l'effort demandé est trop exigeant, il peut se produire une bronchite, une pneumonie, voire une tuberculose.

Bref, le foie est le principal organe de désintoxication, le filtre par lequel passent toutes les substances avant de s'engager dans la circulation générale. Aussi longtemps que le foie s'acquitte bien de sa fonction, le flot sanguin reste pur et l'organisme fonctionne bien. Si le foie n'est pas affaibli ou encrassé, il maintient un flot sanguin pur qui pourrait même permettre à l'homme de vivre quasiment éternellement!

Ceci dit, gardez toujours à l'esprit que la langue est le meilleur baromètre de l'état du foie. Regardez-la dans un miroir; si vous remarquez des taches blanches, c'est que le foie est en mauvaise condition.

L'hépatite est l'inflammation du foie due à une infection ou à une intoxication. On distingue trois types d'hépatite: l'hépatite A, l'hépatite B et l'hépatite C, toutes trois d'origine virale. Cependant, la première se transmet par les aliments et l'eau, tandis que la seconde et la troisième sont transmissibles sexuellement et par le sang (transfusion, utilisation de seringues usagées, etc.).

• **Symptômes**

Dans les cas d'hépatite, le mal-être est généralisé et il s'accompagne de fatigue et d'asthénie. En outre, la personne qui en est victime souffre de nausées (qui vont parfois jusqu'aux vomissements), de maux de tête, de frissons (souvent dus à la fièvre) et de douleurs abdominales. La langue est sèche et le blanc des yeux et l'épiderme prennent une teinte jaunâtre, symptôme d'ictère, plus communément appelé jaunisse. Il y a manifestation de troubles digestifs s'accompagnant de selles claires quand ce n'est pas carrément de diarrhées. On remarque souvent un amaigrissement et des hémorragies circonscrites au niveau de la peau et occasionnant des taches rouge foncé.

• **En réflexologie**

Points réflexes:
glandes endocrines: surrénales, pituitaire (hypophyse) + plexus solaire
organes: foie, vésicule biliaire, rate, reins, intestin

HOQUET

Le hoquet est la contraction spasmodique et involontaire du diaphragme produisant une inspiration, un appel d'air brusque et imprévu assez fort pour faire vibrer les cordes vocales. Le bruit typique et distinctif qu'il produit est imputable à la fermeture rapide de la glotte.

• **En réflexologie**

zone réflexe: diaphragme

HYPERTENSION

L'hypertension est une affection très fréquente (au moins un dixième de la population en est atteint), surtout chez les personnes ayant dépassé le seuil de la cinquantaine, qui se caractérise par une pression artérielle anormalement élevée. Elle constitue une menace sérieuse pour la personne qui en est victime, car elle peut conduire à d'autres maladies importantes et graves comme l'athérosclérose, l'insuffisance cardiaque ou rénale ou l'hémorragie cérébrale.

• **Symptômes**

Pour qu'il y ait hypertension, la pression excessivement élevée doit être permanente et s'enregistrer au repos. Elle provoque généralement, chez la personne affectée, d'importants maux de tête, des vertiges, des bourdonnements dans les oreilles et l'impression de voir de petites mouches voleter devant ses yeux.

La pression artérielle s'énonce sous forme de deux chiffres, l'un sur l'autre. Le premier et le plus élevé, le *maxima*, représente la pression systolique et correspond au mouvement de contraction du cœur; le second et le plus faible, le *minima*, représente la pression diastolique et correspond au mouvement de dilatation/relaxation du cœur.

Est considérée comme normale une pression dont le *maxima* ne dépasse pas 140 (jusqu'à quarante ans) et dont le *minima* est de 90 ou 100. Après quarante ans, est considérée comme normale une pression dont le *maxima* équivaut à 100 + l'âge de la personne. Quant au *minima*, il ne doit jamais, tout au long de la vie, dépasser 90 ou 100.

Une personne est diagnostiquée hypertendue lorsque son *minima* franchit la limite du 100. Bien entendu, plus elle la dépasse, plus son état est aigu.

NOTE: Attention! De nombreux facteurs peuvent influencer la pression artérielle tels que ceux aussi banals que l'ingestion d'un bon repas ou d'un verre de vin, une émotion inattendue, une fatigue passagère, un stress quelconque, l'insomnie, etc.

• En réflexologie

Points réflexes:
glandes endocrines: thymus, thyroïde, pituitaire (hypophyse) + plexus solaire
organes: diaphragme, reins

HYPOGLYCÉMIE

L'hypoglycémie est la diminution ou l'insuffisance du taux de sucre (glucose) dans le sang, imputable à un excès d'insuline.

Le sucre (le glucose) est la nourriture du cerveau mais, à l'instar de la cigale de la fable, il ne fait pas de réserve. C'est au fil des besoins qu'il puise cet aliment, qui lui est essentiel, dans le sang. Or quand le sang s'avère pauvre en sucre, le cerveau n'arrive plus à exercer adéquatement ses fonctions.

• Symptômes

Les principaux symptômes de l'hypoglycémie sont la transpiration abondante (souvent des sueurs froides), des tremblements, de la confusion, de la tachycardie, des faiblesses subites, des étourdissements et des évanouissements.

Attention! L'hypoglycémie non traitée peut provoquer le coma et entraîner la mort.

• En réflexologie

Points réflexes:
glandes endocrines: surrénales, pancréas, pituitaire (hypophyse)
organe: foie

HYPOTENSION

L'hypotension se caractérise par une pression artérielle basse. Surtout observée chez les personnes âgées de plus de cinquante ans, elle est reconnue pour être, et de loin, beaucoup moins grave que l'hypertension.

• Symptômes

L'hypotension provoque surtout des étourdissements, parfois des évanouissements, mais essentiellement quand la personne concernée passe un peu trop rapidement de la position allongée ou assise à la position debout. D'un caractère souvent épisodique et temporaire, elle serait, pour certains médecins et autres scientifiques, un facteur de longévité.

• En réflexologie

Points réflexes:
glandes endocrines: surrénales, pituitaire (hypophyse), thyroïde

IMPUISSANCE

L'impuissance est l'incapacité d'accomplir l'acte sexuel de façon normale et complète et qui est engendrée par l'impossibilité (physique, psychique ou psychosomatique) d'obtenir ou de faire durer suffisamment longtemps une érection.

Les causes sont nombreuses et, à l'instar d'une panoplie d'autres affections, pourraient faire l'objet d'un livre à elles seules. Voyons seulement un peu les mécanismes de l'érection.

Si l'afflux de sang dans les organes génitaux est essentiellement le même pour les femmes que pour les hommes, ses manifestations, quant à elles, sont toutefois bien différentes.

L'afflux sanguin chez l'homme a pour mandat de gonfler le pénis et de le faire se redresser, en devenant raide et dur. C'est ce qu'on appelle l'érection. L'impuissance, c'est la défaillance de cette action. De nombreux systèmes du corps entrent en interrelation dans le processus de l'érection, puisque celle-ci ne fait pas partie des actions que l'on peut commander et obtenir sur demande. En fait, elle ne peut s'obtenir essentiellement que par le désir et par l'excitation sexuelle. Le système nerveux, les glandes endocrines et l'équilibre (ou le déséquilibre) hormonal, notamment, entrent tous en ligne de compte quand il s'agit d'établir les causes de l'impuissance.

• **En réflexologie**

Points réflexes:
glandes endocrines: toutes les glandes endocrines, plus particulièrement les glandes surrénales et les testicules + plexus solaire
organes: diaphragme, prostate

INFARCTUS DU MYOCARDE

Il s'agit d'une lésion du muscle du cœur: le myocarde. L'infarctus du myocarde (ou thrombose coronaire) peut avoir de nombreuses causes directes mais il peut aussi découler d'une autre affection cardiovasculaire.

Tous les infarctus ne se manifestent pas de la même manière et il y a une absolue nécessité d'un électrocardiogramme pour pouvoir déterminer à la fois si les symptômes présents sont bien ceux d'une crise cardiaque et pour connaître aussi, bien sûr, la gravité de la lésion. En outre, les prises de sang sont révélatrices de cette affection.

• **Symptômes**

Parmi les indices les plus courants d'un infarctus du myocarde, il y a tout d'abord la douleur épigastrique, située dans la région médiane et supérieure de l'abdomen, entre les côtes et le creux de l'estomac. Cette douleur irradie généralement dans le sein gauche (plus particulièrement au-dessus du mamelon) et se poursuit dans le bras gauche avec un engourdissement. La transpiration est plus abondante que d'ordinaire, il y a essoufflement, difficultés respiratoires plus ou moins importantes, enflure dans la cheville gauche et sentiment de grande fatigue.

Il semblerait que les symptômes soient quelque peu différents chez l'homme et chez la femme. En fait, chez la femme (dans une importante proportion), les signes précurseurs d'un infarctus semblent beaucoup moins évidents que chez l'homme et ils peuvent presque passer inaperçus, car ils sont relativement anodins (par exemple, un sentiment d'oppression et une grande fatigue). En outre, la douleur aiguë qui terrasse souvent l'homme peut n'être, chez la femme, qu'une sensation dérangeante et déplaisante, certes, mais qu'il n'est pas vraiment possible d'associer de façon formelle à un infarctus, car elle n'est pas typique.

• **En réflexologie**

Points réflexes:
glandes endocrines: surrénales + plexus solaire
organe: diaphragme

INSOMNIE

L'insomnie se caractérise par une incapacité ou des difficultés à s'endormir, ou à dormir suffisamment. Elle peut être causée par un très grand nombre de facteurs, mais les personnes qui en souffrent ont en commun de devenir rapidement très irritables.

• **Symptômes**

Le symptôme en soi, c'est la difficulté à trouver le sommeil. Il n'y a pas véritablement de laps de temps au bout duquel une personne est censée s'endormir après s'être mise au lit. Certaines personnes ont à peine le temps de poser la tête sur l'oreiller que déjà Morphée les accueille dans ses bras, tandis que d'autres ont le temps de penser, de faire de la visualisation, de rêvasser, etc. En fait, chacun est en droit d'espérer un délai raisonnable pour trouver le sommeil. L'insomnie, c'est quand ce délai n'est plus raisonnable du tout; qu'il entraîne chez l'insomniaque de l'impatience et de l'irritabilité; quand une personne, même les yeux fermés, même fatiguée jusqu'à l'épuisement, même en changeant cent fois de position, n'arrive pas à se détendre suffisamment pour trouver le repos du corps et de l'esprit qu'accorde le sommeil.

Les effets de l'insuffisance de sommeil sont, à plus ou moins long terme, catastrophiques, car l'insomnie entraîne toute une panoplie d'effets secondaires comme l'épuisement, le surmenage, le stress, l'angoisse, l'anxiété, la nervosité, l'hyperémotivité, les maux de tête douloureux, une baisse notable de l'acuité intellectuelle, une carence énergétique importante, et bien d'autres.

• **En réflexologie**

Points réflexes:
glandes endocrines: surrénales, pituitaire (hypophyse), pinéale (épiphyse)
organe: diaphragme

INSUFFISANCE CARDIAQUE
(ou bradycardie)

Bien que le cœur soit un muscle aux mille et une ressources, qu'il soit capable de s'adapter à toute une panoplie de problèmes et de maladies, qu'il soit apte à fournir des efforts grandissimes, vient parfois un moment où il a une furieuse envie de déclarer forfait.

• **Symptômes**

En état d'insuffisance, le cœur, victime d'une grande lassitude, voit son rythme baisser à 30 ou 40 battements à la minute, ce qui rend l'accomplissement de ses tâches et de ses fonctions de «pompe» difficile et inadéquat. En effet, il lui devient impossible d'expulser les quantités de sang suffisantes aux différents organes du corps.

Les symptômes les plus fréquemment observés sont des douleurs diffuses dans la cage thoracique, l'obligation de dormir la tête surélevée, des vertiges, des étourdissements, de la dyspnée (difficulté à respirer), des problèmes digestifs, du ballonnement, quelquefois des hémoptysies (des crachements de sang provenant des voies respiratoires [bronches, trachée, poumons]) et de l'essoufflement. Au début de cette affection, l'essoufflement se manifeste surtout après un effort physique ardu et non habituel mais peu à peu, au fur et à mesure qu'augmente la gravité de la bradycardie, il s'installe de façon permanente. La personne qui en est victime est essoufflée même en période de repos.

• **En réflexologie**

Points réflexes:
glandes endocrines: surrénales, pituitaire (hypophyse) +
plexus solaire
organe: cœur

MÉNINGITE

Les trois barrières qui font office de bouclier aux organes du système nerveux central sont:

1. la pie-mère (méninge molle), fine tunique diaphane;
2. la dure-mère (méninge dure), qui recouvre la paroi des cavités osseuses dans lesquelles nichent l'encéphale et la moelle épinière; et

3. l'arachnoïde, qui relie les deux précédentes. Il s'agit d'une fine membrane de laquelle jaillissent de nombreux filaments lui donnant l'aspect d'une toile d'araignée, d'où son nom, et formant un tissu lâche et mou dans lequel circule le liquide céphalorachidien.

Le mot «méningite» est un terme général pour désigner les maladies reliées aux méninges. Cependant, s'il y a de nombreux types de méningite, les symptômes sont semblables.

• Symptômes

La méningite est une maladie dont l'apparition et l'évolution sont très rapides, voire fulgurantes. Si elle débute généralement par un simple mal de tête, elle dégénère extrêmement vite. La température de la personne qui souffre monte en flèche, les douleurs se multiplient; il y a vomissements et intolérance à la lumière; il y a quelquefois éruptions cutanées (la peau devient rouge); la céphalée fait des ravages au niveau de la nuque qui devient raide jusqu'à ne plus pouvoir bouger; la pression artérielle augmente et le pouls devient désordonné.

En présence des symptômes d'une méningite, on doit consulter de toute urgence un médecin car après les premiers signes surviennent d'autres effets qui, de la paralysie au coma, en passant par les convulsions et le délire, conduisent, si aucun traitement n'est administré, à la mort.

• En réflexologie

Points réflexes:
zones importantes: cou, colonne vertébrale
glandes endocrines: surrénales, pituitaire (hypophyse), pinéale (épiphyse), thymus
organe: cerveau

MÉNOPAUSE

Attention! La ménopause n'est pas une maladie; elle est une période de la vie, la fin d'un certain cycle pour le début d'un autre. Elle fait partie de l'évolution normale et naturelle de la femme. La ménopause survient entre l'âge de quarante et cinquante ans. Cependant, de plus en plus, on parle de préménopause chez certaines femmes à partir de trente-cinq ans.

Sur le plan médical, la ménopause signifie la cessation totale et définitive du cycle menstruel et, par conséquent, l'incapacité, désormais, de concevoir. Cependant, le terme est communément employé pour désigner la gamme considérable de symptômes, tant physiques (nombreuses modifications entraînant un déséquilibre organique) que psychologiques (modifications importantes dans l'équilibre hormonal), qui sont associés à cet arrêt des règles.

Il est à noter que certaines femmes ne présentent aucun symptôme autre que cet arrêt des règles mais bien que cela soit merveilleux pour la femme ménopausée, il faut avouer que c'est relativement exceptionnel.

• **Symptômes**

Concernant l'arrêt des règles, il faut préciser que celles-ci ne s'arrêtent que rarement d'un seul coup. Le cycle menstruel devient d'abord irrégulier: les règles peuvent survenir deux fois par mois ou, au contraire, une fois tous les deux ou trois mois. Le flux sanguin est parfois presque nul alors que d'autres fois, il semble vouloir rivaliser avec une fontaine intarissable. Toutefois, les intervalles entre les règles vont en s'espaçant de plus en plus jusqu'à la disparition complète de ce processus d'ovulation.

Il est presque impossible de dresser une liste complète des symptômes associés à la ménopause, car chaque femme réagit aux modifications de son organisme à sa façon, selon son schéma de pensée et sa structure biologique et physique. Cependant, il apparaît que certains symptômes sont plus fréquemment observés que d'autres. Outre les désormais légendaires bouffées de chaleur, on remarque une transpiration nocturne plus abondante, des sueurs froides et une baisse de la libido. La femme ménopausée constate généralement un assèchement des parois vaginales et éprouve le besoin d'uriner plus souvent. L'insomnie est presque toujours au rendez-vous et le sommeil, quand il vient, arrive souvent avec sa fournée de cauchemars.

Sur le plan psychologique, des états dépressifs surviennent. Ils peuvent aller de la simple irritabilité à la dépression en passant par l'angoisse, l'anxiété, le spleen, la tristesse, l'abattement, les coups de cafard, une certaine disposition à la mélancolie, etc.

La femme ménopausée subit d'ordinaire l'un ou l'autre (généralement plusieurs) de ces symptômes et, pour la majorité d'entre elles, cette période de la vie se traduit par une augmentation du stress et de la tension, une grande fatigue et une fâcheuse tendance à l'auto-énervement.

• En réflexologie

Points réflexes:
glandes endocrines: toutes les glandes endocrines

MIGRAINE

On parle de migraine dans des cas bien particuliers de maux de tête. La première caractéristique d'une migraine est que la céphalée n'est logée que d'un seul côté de la tête.

• Symptômes

Voici les critères de l'IHS (International Headache Society) qui servent à déterminer si quelqu'un est victime de migraines.

La personne souffrante doit éprouver un des symptômes suivants:

– les douleurs sont localisées dans un seul côté de la tête;
– la céphalée est lancinante ou pulsative;
– la douleur va de modérée à sévère;
– la douleur est accrue par l'effort ou les activités habituelles.

Elle doit également éprouver un des symptômes suivants:

– nausées;
– vomissements;
– intolérance à la lumière.

Si vous répondez à ces critères, alors vous faites sans doute partie des migraineux. Précisons également que la douleur provient souvent d'un œil et que la migraine s'installera du côté de cet œil. Outre les symptômes mentionnés précédemment, ajoutons qu'il peut y avoir, comme signes précurseurs de la migraine, des troubles visuels (taches, clignotements, scintillements, points virevoltants devant les yeux, aura floue autour des objets et des gens, etc.) ainsi que des troubles et des altérations de l'humeur.

Bien que la migraine semble toucher davantage les femmes que les hommes, il y a un type de céphalée qui est plus fréquent chez ces derniers. Il s'agit de la céphalée de Horton, communément appelée la céphalée suicidaire. Elle a sensiblement les mêmes caractéristiques que la migraine.

• En réflexologie

Points réflexes:
zones importantes: cou et, de façon générale, la colonne vertébrale
glandes endocrines: surrénales, pituitaire (hypophyse)
organe: cerveau

NÉVRALGIE

La névralgie est directement causée par la lésion, l'inflammation ou l'irritation d'un nerf (ou de sa racine) ou la dégénérescence de celui-ci.

Elle peut se localiser partout où il y a des nerfs sensitifs et peut n'avoir qu'un lien, une relation éloignée (quant à sa localisation seulement, bien sûr) avec la source d'où provient la lésion, l'inflammation ou l'irritation tout en suivant, bien entendu, l'itinéraire du nerf concerné.

• Symptômes

La douleur provoquée par la névralgie est une douleur lancinante et aiguë. Elle se caractérise par des élancements violents, intenses et très douloureux. Elle irradie souvent et largement la région concernée. Les crises ne sont pas nécessairement toujours très longues, mais elles sont récurrentes et reviennent tant et aussi longtemps que la cause n'est pas traitée avec succès.

La sciatique (voir à la page 99) est une des formes les plus connues que peut revêtir la névralgie.

• En réflexologie

Points réflexes:
zone concernée: la région concernée par la névralgie
zone importante: colonne vertébrale
glandes endocrines: surrénales, pituitaire (hypophyse) + plexus solaire
organe: diaphragme

NÉVRITE

Pour mieux comprendre la névrite, l'inflammation d'un nerf, voici une description très succincte du système nerveux.

Le système nerveux est d'une extrême complexité. Il se scinde (dans son étude) en deux grandes divisions, soit le système nerveux central et le système nerveux périphérique.

Le système nerveux *central* désigne deux parties du corps: 1. tous les organes contenus dans la boîte crânienne; 2. tout ce qui est contenu dans le canal rachidien. Dans la première partie, on trouve l'encéphale (qui comprend le cerveau) et dans la seconde, ce couloir formé par la superposition des vertèbres de la colonne vertébrale, qui part de la base du crâne et descend jusqu'au sacrum, contenant la moelle épinière. L'encéphale et la moelle épinière sont les deux principales substances nerveuses du système nerveux central.

Outre le cerveau (qui nous met en relation avec l'environnement), l'encéphale comprend le tronc cérébral (régulateur des mouvements cardiaques et du système respiratoire) et le cervelet (qui s'occupe de la coordination des mouvements complexes).

Le cerveau, à son tour, se divise en deux hémisphères (le gauche et le droit) réunis entre eux par diverses fibres nerveuses, notamment le thalamus et l'hypothalamus. Chacun des deux hémisphères possède ses fonctions propres. Ainsi, l'hémisphère gauche gouverne l'intellectualité, la capacité à rationaliser, à analyser, à déduire, à expliquer; c'est le réalisme et l'objectivité. Il régit le langage articulé et élaboré ainsi que la communication verbale. L'hémisphère droit, quant à lui, est le foyer de l'intuition, du romantisme, de l'imagination, des impulsions, des émotions et de la subjectivité. Il régit la communication non verbale, la gestuelle. Les deux hémisphères sont interdépendants et complémentaires.

Le système nerveux *périphérique*, quant à lui, est composé de l'ensemble des nerfs. Il prend naissance à la base de l'encéphale (passant à travers les os du crâne) ainsi que de chaque côté de la colonne vertébrale pour aller se diviser et se subdiviser en de nombreuses ramifications.

À la lumière de ce qui précède, on pourrait dire que les nerfs sont les commissionnaires du système nerveux central. Ils portent, sous forme d'impulsions électriques, les messages de cet organe-maître qu'est le cerveau, afin que le récepteur (vous) de ces messages puisse reconnaître, d'une part, les sensations (grâce aux nerfs sensitifs) comme la douleur, le froid et la chaleur, la douceur et l'âpreté et, d'autre part, les ordres d'action/réaction envoyés et livrés aux muscles grâce aux bons offices des nerfs moteurs.

Mais le système nerveux périphérique n'est pas fait d'un itinéraire simple. Labyrinthique, il est composé de lacets, de courbes et de sinuosités dans lesquels, parfois, s'égarent ou se percutent les messages. En outre, il arrive que certains nerfs (messagers plus vulnérables) subissent des lésions ou encore qu'ils soient victimes d'un processus de dégénérescence. Dans un cas comme dans l'autre, il en résulte un mauvais fonctionnement du réseau qui se manifeste par la névrite. Certaines névrites, à leur tour, occasionnent de la névralgie (voir à la page 87).

• Symptômes

Les symptômes d'une névrite sont variables; tout d'abord, selon qu'elle provient d'un seul nerf (comme la névrite optique) ou de plusieurs nerfs (comme la polynévrite alcoolique), puis selon la gravité de la lésion ou de la compression ou l'état de dégénérescence du ou des nerfs.

La névrite peut aller de la douleur, plus ou moins intense, jusqu'à la paralysie totale provoquée par l'incapacité du nerf à remplir sa fonction. Cependant, lorsqu'un nerf est atteint, il y a généralement, outre la douleur, des engourdissements et parfois des tressautements, du fourmillement ou des tremblements.

La névrite la plus commune et la plus fréquente est incontestablement la sciatique (voir à la page 99).

• En réflexologie

Points réflexes:
zone importante: colonne vertébrale
glandes endocrines: surrénales, thymus
organe: cerveau

ŒDÈME

L'œdème est une infiltration séreuse, aqueuse de divers tissus, en particulier du tissu cellulaire sous-cutané (mais aussi de certains organes internes), se traduisant par un gonflement diffus ou une enflure plus localisée. L'enflure est de consistance tendre, molle et souple, et garde un certain temps l'empreinte du doigt quand on l'y enfonce.

• Symptômes

L'œdème *est* le symptôme. Lorsqu'il apparaît, il faut chercher la cause. Il peut découler de certaines maladies touchant un organe interne (reins, poumons, foie), d'une allergie, d'une intolérance à la chaleur, etc. Les œdèmes les plus fréquemment rencontrés sont ceux des pieds, des chevilles et des jambes, bien qu'ils puissent apparaître dans de nombreuses autres parties du corps.

L'œdème occasionne quelquefois des difficultés respiratoires.

• En réflexologie

Points réflexes:
zone concernée: la région gonflée
glandes endocrines: surrénales
organes: reins, uretère, vessie

OSTÉOPOROSE

L'ostéoporose, c'est la fonte, la perte de la masse osseuse. Ainsi, on peut voir sa taille rapetisser jusqu'à 10 cm (4 po).

L'ostéoporose, c'est la décalcification des os qui deviennent poreux, donc très fragiles, friables et cassants; le moindre choc peut causer des dommages graves.

Les statistiques sont effarantes. Après cinquante ans, une femme sur trois souffrira d'ostéoporose. Mais les femmes ne sont pas les seules à souffrir de cette maladie dégénérative. Les hommes, bien que dans une moindre mesure, sont aussi des victimes potentielles. Chez ceux-ci, cependant, il semble bien que cette maladie du squelette n'apparaisse que très rarement avant l'âge de soixante-dix ans et ne frappe qu'un homme sur sept.

Les méfaits de l'ostéoporose vont de la fracture du poignet à celle, redoutable et parfois tragique, du col du fémur en passant par des fractures au niveau de la colonne vertébrale, de l'avant-bras, du bras ou des côtes.

Une alimentation pauvre en produits laitiers semble être une des causes premières de l'ostéoporose, mais il y en a d'autres comme les excès de tabac, d'alcool, de thé, de café, de boissons gazeuses, de sel et de sucre. La consommation prolongée de médicaments, notamment ceux à base de cortisone; les diètes à haute teneur en protéines; le stress, le manque d'exercices physiques et la maigreur.

• **Symptômes**

La personne atteinte d'ostéoporose a le souffle court et elle se tient généralement plus ou moins voûtée.

Les douleurs liées à cette décalcification sont constantes, mais leur intensité peut varier selon les mouvements effectués et les efforts accomplis. Elles peuvent se situer à peu près n'importe où dans le corps, mais on les observe quasiment toujours au niveau de la colonne vertébrale.

• En réflexologie

Points réflexes:
glandes endocrines: surrénales, ovaires et testicules + para-thyroïdes

OTITE

L'oreille est l'ensemble des organes qui nous font percevoir les sons; elle comprend des parties externes telles que le pavillon, l'hélix, l'anthélix, le tragus, l'antitragus, le lobule et la conque, et une partie interne qui contient les terminaisons du nerf auditif. Entre ces deux parties, il existe le conduit auditif, aussi appelé conduit auriculaire, qui mène à la membrane du tympan et à une chaîne d'osselets ainsi qu'à une infinité de terminaisons. Toutes ces parties sont essentielles pour transmettre les sons au cerveau avant qu'ils nous reviennent sous forme de mots et de phrases compréhensibles. C'est un ensemble qui demande d'autant plus d'attention qu'il est complexe.

Le terme «otite» désigne deux types d'infections: l'otite externe, localisée dans le conduit auditif et l'otite moyenne, située dans l'oreille moyenne (entre sa partie externe et sa partie interne).

• Symptômes

L'*otite externe* se caractérise par des démangeaisons (quelquefois très intenses) et des douleurs (parfois lancinantes) dans le conduit auditif. De l'oreille s'écoule un liquide (dont l'odeur est parfois très mauvaise) qui chatouille en coulant et qui entraîne, par conséquent, une augmentation des démangeaisons. Ce liquide, en séchant, ressemble un peu à du miel cristallisé. Il y a aussi parfois présence de pus. Le fait de manger ou de bâiller s'avère très souvent inconfortable et douloureux.

L'*otite moyenne* est l'inflammation de la cavité tympanique. Elle peut survenir à n'importe quel âge. Elle peut être aiguë ou chronique. L'otite aiguë est très fréquente chez les jeunes enfants et même chez les bébés, et est généralement causée par des affections des voies respiratoires supérieures, particulièrement des affections reliées au nez ou à la gorge. Elle se caractérise par une douleur souvent intense et lancinante qui va en augmentant, au fur et à mesure que progresse l'affection. Il y a des poussées de fièvre, de l'inappétence. La personne qui en est victime souffre de bourdonnements d'oreilles et, quelquefois, de gêne auditive. Il peut également y avoir écoulement de sécrétions purulentes si le tympan se perfore sous la pression. L'otite chronique se rencontre surtout chez l'adulte et se manifeste essentiellement par un écoulement de liquide du canal auditif et une surdité plus ou moins prononcée.

• En réflexologie

Points réflexes:
zone concernée: oreilles
glandes endocrines: surrénales
organes: reins

PALPITATION

La tachycardie (ou l'arythmie cardiaque) est très fréquente chez les personnes anxieuses et stressées, puisque le cœur accélère son mouvement lorsqu'il est sous l'effet d'excitations nerveuses.

• Symptômes

Elle se manifeste par:

– une impression de martellement dans la poitrine;
– des palpitations cardiaques; ou
– des battements de cœur irréguliers; ou

- des battements de cœur trop rapides; ou
- des battements de cœur en trop grand nombre; ou
- un battement prématuré (extrasystole) suivi de l'absence du battement suivant.

Les gens qui souffrent de tachycardie ont tantôt l'impression que le cœur s'emballe, s'affole, exécute un sprint de fin de course, tantôt qu'il s'arrête, interrompt sa marche, fait une pause interdite.

Il existe également une forme de tachycardie qu'on appelle tachycardie paroxystique qui fait s'accélérer le rythme cardiaque jusqu'à parfois 200 pulsations à la minute. Les symptômes de ces crises, qui ne durent pas très longtemps, sont plutôt inquiétants pour la personne qui les subit, mais les crises elles-mêmes sont généralement sans gravité si la personne a, par ailleurs, le cœur en bon état.

Généralement, les symptômes de tachycardie sont plus importants lorsque les gens sont en position couchée.

NOTE: Lorsque les palpitations cardiaques sont accompagnées d'autres manifestations telles que le vertige, les étourdissements, l'évanouissement, des douleurs ou des malaises dans la cage thoracique, des difficultés respiratoires (dyspnée) ou encore que les crises sont fréquentes ou durent longtemps, il est possible qu'il ne s'agisse plus de tachycardie mais d'insuffisance cardiaque.

• En réflexologie

Points réflexes:
glandes endocrines: surrénales, thymus, thyroïde + plexus solaire
organes: diaphragme, cœur

PARKINSON
(maladie de)

La maladie de Parkinson est une maladie dégénérative du système nerveux et si, de façon générale, les gens associent cette affection aux tremblements, ceux-ci sont loin d'en être les seuls symptômes.

• Symptômes

La maladie de Parkinson commence toujours par des tremblements légers, généralement d'une ou des deux mains. Ces tremblements augmentent d'intensité au fur et à mesure que la maladie progresse, s'aggrave et touche un nombre toujours grandissant de muscles, jusqu'à devenir un handicap sérieux dans l'accomplissement des tâches quotidiennes, si élémentaires et si faciles soient-elles. Cet état conduit souvent la personne malade à la dépression.

On remarque chez la personne atteinte de la maladie de Parkinson un balancement rythmique de la tête, une certaine rigidité des membres rendant les mouvements difficiles et lents, une démarche traînante et une hypersalivation doublée d'une difficulté à avaler. En outre, le malade se tient toujours un peu courbé, voûté, penché vers l'avant et son visage, aux muscles figés, est sans expression. À un stade avancé, d'autres effets peuvent également survenir comme les hallucinations et des difficultés d'élocution.

• En réflexologie

Points réflexes:
zone importante: colonne vertébrale
glandes endocrines: toutes les glandes endocrines + plexus solaire
organe: diaphragme

PNEUMONIE

Les poumons sont les organes de base essentiels qui servent à la respiration. Ils sont entourés par la plèvre et composés de petites cavités remplies d'air, et communiquent avec l'extérieur grâce aux bronches, à la trachée, au larynx, au pharynx, à la bouche et au nez.

Les deux poumons sont séparés l'un de l'autre par le médiastin qui contient le cœur et les gros vaisseaux, la trachée, l'œsophage et le thymus. En pénétrant dans le hile du poumon, la bronche gauche se divise en deux branches et la bronche droite, en trois branches qui se rendent au lobe pulmonaire, qui sont eux-mêmes divisés en petites chambres à air, appelées alvéoles. Les poumons vont chercher l'oxygène qui leur est nécessaire par l'artère pulmonaire; c'est d'ailleurs là que se déroule le phénomène chimique de la respiration qui consiste en l'absorption d'oxygène et le rejet du CO_2 (ou gaz carbonique) par l'expiration. On dit qu'il peut y avoir un milliard huit cents millions de lobules pulmonaires... et la quantité d'air qui entre chaque jour dans les poumons est d'environ 11 500 litres. Quel travail titanesque ils accomplissent! C'est dire l'importance et l'attention qu'on doit leur accorder.

La pneumonie est une affection grave, caractérisée par l'infection d'un seul poumon (ou des deux: double pneumonie). La bronchopneumonie est réputée plus grave car, outre les poumons, elle affecte également les bronches. Parfois, la pneumonie résulte d'un effet aggravant d'une grippe ou d'autres affections des voies respiratoires; parfois, elle prend naissance directement dans les poumons et est plus facile à circonscrire. Dans ce dernier cas, son apparition est généralement soudaine et rapide.

• Symptômes

Elle se manifeste d'abord par des difficultés respiratoires, un point au côté, des douleurs diffuses dans la cage thoracique et une forte fièvre. La toux qui l'accompagne est pénible et grasse, et elle occasionne des expectorations épaisses, visqueuses et teintées de sang. En raison de tous ces symptômes, l'état général de la personne atteinte se dégrade vitement. Surviennent fatigue et faiblesse, puis maux de tête, souvent violents, frissons et maux de gorge.

• **En réflexologie**

Points réflexes:
glandes endocrines: toutes les glandes endocrines
organes: poumons, intestin

PROSTATITE

La prostate est une glande à sécrétion externe et interne appartenant à l'appareil génital masculin, située autour de la partie initiale, postérieure de l'urètre et sous la vessie, et dont la sécrétion contribue à la formation du sperme.

La prostatite est l'inflammation de la prostate et bien qu'elle soit plus fréquemment observée chez les jeunes hommes, elle peut se déclarer à tout âge.

• **Symptômes**

La douleur d'une prostatite se situe notamment dans le dos (et plus particulièrement le long des vertèbres lombaires), dans le bas-ventre et dans les testicules (dans lesquelles elle provoque parfois de l'inflammation).

Elle se reconnaît par une envie fréquente d'uriner et par une douleur, qui accompagne les mictions, semblable à celle de l'infection urinaire (dont souffre plus fréquemment la femme) dans sa sensation de brûlure. Un autre point commun avec l'infection urinaire est l'aspect trouble de l'urine et son odeur forte et repoussante. Du sang peut parfois se mêler à l'urine.

L'homme qui souffre d'une prostatite fait généralement de la fièvre.

NOTE: L'obstruction graduelle de l'urètre par l'hypertrophie de la prostate (c'est-à-dire l'augmentation importante de son volume), qui se produit souvent avec le processus de vieillissement, en vient parfois à causer des difficultés urinaires. Le massage des mêmes points réflexes que ceux de la prostatite sont généralement d'un bon secours pour rendre à cette glande une dimension acceptable et mettre fin aux problèmes urinaires.

• **En réflexologie**

Points réflexes:
glandes endocrines: surrénales, testicules, pituitaire (hypophyse)
organes: prostate, uretère, vessie

RHUMATISME

Le terme «rhumatisme» englobe toute une panoplie d'affections qui gênent (parfois sérieusement) le bien-être général des gens qui en sont les victimes.

Sur le plan médical, le terme «rhumatisme» ne s'applique pas aux douleurs articulaires comme l'arthrose (voir Articulation à la page 44), mais bien aux seules affections qui entravent et gênent le bon fonctionnement de l'appareil locomoteur (muscles, tissus et enveloppes qui emmaillotent les articulations).

Les affections rhumatismales ne causent pas, ou alors très rarement, de déformation aux régions du corps qu'elles affectent. Ces affections se localisent (généralement mais pas systématiquement) dans le voisinage d'une articulation, ce qui explique qu'on les confond si souvent avec les affections arthritiques.

• Symptômes

En soi, les douleurs strictement rhumatismales sont certes des douleurs exaspérantes, mais on les dit plus agaçantes que violentes. Cependant, si les rhumatismes ne sont pas traités, ces douleurs risquent de devenir de plus en plus intenses jusqu'à s'apparenter à celles des affections articulaires.

Les rhumatismes occasionnent des douleurs partout où ils s'installent et, de façon générale, des douleurs lombaires, des maux de dos, des courbatures et une certaine limitation dans les mouvements.

• En réflexologie

Points réflexes:
zone concernée: celle des douleurs rhumatismales
glandes endocrines: toutes les glandes endocrines
organes: foie, reins, intestin

SCIATIQUE

De nos jours, peu d'adultes n'ont jamais entendu parler du nerf sciatique ou n'en ont eux-mêmes souffert. Le nerf sciatique prend naissance au plexus sacré et se rend jusqu'au talon, en passant par les muscles de la face postérieure de la cuisse, puis se divise en deux branches terminales au niveau du creux du genou pour se continuer sur la face postérieure et interne de la jambe jusqu'au talon.

La sciatique n'est pas une maladie, mais un symptôme, généralement aigu, de l'inflammation du plus long nerf du corps humain. La douleur, plus ou moins intense, plus ou moins violente, est irradiante et faite d'élancements. Douleur spasmodique, elle donne parfois l'impression d'une brûlure tant elle peut être lancinante et pénétrante.

Elle provient souvent du bas du dos (à cause de l'inflammation ou de la compression des racines du nerf à leur émergence du canal rachidien) avant de se jeter dans la jambe (sur le trajet du nerf) non sans avoir, au passage, meurtri la fesse et la cuisse.

Plus intense lorsque la personne atteinte se penche vers l'avant, la douleur de la sciatique provoque de la tétanie, ces accès de contractures ou de spasmes musculaires dus à une excitabilité neuromusculaire anormalement élevée, un affaiblissement (voire une fonte) des muscles les plus touchés, de l'engourdissement, un ralentissement marqué des mouvements et une diminution, plus ou moins importante, des réflexes.

• **En réflexologie**

Points réflexes:
zones du corps: nerf sciatique et hanches

SINUSITE

Les sinus sont le prolongement des fosses nasales. Ces cavités osseuses, creusées dans le visage au-dessus des sourcils, sont revêtues d'une muqueuse. On distingue le sinus frontal, le sinus sphénoïdal et le sinus maxillaire ou antre d'Higmore. S'ils servent à retenir la poussière (et à contrôler les allergies), il n'en demeure pas moins que la fonction principale de ces muqueuses est de réchauffer l'air avant de le laisser pénétrer dans les bronches et les poumons.

L'inflammation des sinus se produit lorsque, pour une quelconque raison (allergie environnementale, allergie alimentaire, respiration inadéquate, rhume, etc.), le mucus sécrété s'accumule plutôt que de s'évacuer.

• **Symptômes**

En s'accumulant, le mucus finit par exercer une pression sur les sinus et par provoquer, en même temps, une forte congestion nasale. À cause de l'infection, les sécrétions nasales peuvent être jaunâtres, verdâtres et même contenir du sang. Cependant, le plus douloureux des symptômes semble bien être le mal de tête, violent et intense, qui irradie sur le front, les tempes, les arcades sourcilières et les yeux. Dans les cas les plus graves, on observe de la fièvre.

• **En réflexologie**

Points réflexes:
zones importantes: tête, cou, nez, œil et colonne vertébrale
glandes endocrines: surrénales, pituitaire (hypophyse)
organes: sinus, valve iléocæcale

STRESS

Le stress est un terme créé par le professeur Hans Selye pour désigner «les excitations ou les incitations violentes susceptibles de déclencher, dans l'organisme humain, la réaction particulière à laquelle il a donné de nom de syndrome d'adaptation» (extrait de: *La médecine au foyer*, Éditions Grolier).

Le stress n'est pas une tare. Au contraire, il est absolument nécessaire! Il est, dans une mesure raisonnable, la dynamo, la batterie du corps. C'est lui qui permet d'agir et de réagir, de faire des projets et, surtout, de les réaliser; d'être en mesure d'affronter les facteurs agressants de la vie quotidienne.

Seulement, voilà! Le stress doit être absorbé par l'organisme tant sur les plans physique que psychique. Quand le volume des sources de stress et de tension excède la capacité d'une personne à les gérer, à les dompter, à les discipliner, alors surgissent de nombreux problèmes qui portent préjudice à la santé globale des individus.

Il n'y a pas qu'une seule façon d'aborder le stress et de l'affronter. Chaque individu possède tant ses propres armes que ses propres limites. Cependant, chaque individu ne connaît pas toujours ses limites, ou alors il les outrepasse de façon indécente.

L'organisme, dès qu'il est sollicité, émet, par ses glandes endocrines (et plus particulièrement les surrénales et l'hypophyse), des hormones (dont l'adrénaline), provoquant ainsi des poussées d'énergie et de dynamisme en même temps qu'une augmentation des pulsations cardiaques.

Si les sollicitations sont incessantes parce que les sources de stress sont innombrables, si le corps et l'esprit n'arrivent jamais à trouver le repos et qu'ils sont perpétuellement sous l'effet des hormones d'action (qui deviennent alors presque des drogues), alors l'organisme se révolte et envoie des messages à l'effet qu'il n'est plus «capable d'en prendre».

Le stress mal ou non assimilé peut causer des dégâts regrettables, parfois catastrophiques. Il s'agit, en quelque sorte, d'une détérioration graduelle du système nerveux.

Le syndrome d'adaptation de Hans Selye, c'est l'ensemble des signes et des symptômes qui apparaissent à la suite d'un stress. Ces symptômes sont extrêmement nombreux et peuvent se manifester tant sur le plan physique que psychique, émotif ou intellectuel.

Voici donc la liste, non exhaustive, en ordre alphabétique plutôt qu'en ordre d'importance (puisque cela dépend de chaque individu), des symptômes les plus fréquemment observés chez les personnes victimes de stress.

• Symptômes

Allergies diverses, anxiété/angoisse, cauchemars, colite, crises de larmes, crispation dans le cou au niveau des vertèbres cervicales et dans la mâchoire, déprime/dépression, dermatose (psoriasis, eczéma, etc.), difficultés de concentration, difficultés respiratoires, douleurs musculaires ou articulaires, étourdissements, fatigue extrême ou chronique, hypertension artérielle, impatience incontrôlable, impuissance, insomnie, mal de dos, mal de tête, migraine, palpitations cardiaques, panique (crise de), problèmes de la vue, règles irrégulières ou problèmes menstruels divers, tics nerveux, transpiration abondante, tremblements, troubles digestifs, ulcère d'estomac.

• En réflexologie

Points réflexes:
zone importante: colonne vertébrale
glandes endocrines: surrénales, pituitaire (hypophyse) +
plexus solaire
organes: diaphragme, cerveau

TIC NERVEUX

Les tics nerveux peuvent survenir à peu près à n'importe quel moment de la vie, mais ils sont plus fréquents avant l'adolescence.

• Symptômes

Les tics sont des mouvements (du visage, très souvent) généralement rapides, involontaires (le tiqueur n'a pas le plus souvent conscience de ses tics), soudains et ne répondant à aucun stimulus extérieur.

Les tics les plus fréquemment observés sont le clignement incessant des yeux, les hochements de tête, les haussements d'épaules, les torsions, les pincements, les plissements du nez ou de la bouche qui ressemblent à des grimaces et le froncement des sourcils.

Si certains médecins, psychologues et thérapeutes suggèrent de les ignorer, de faire comme s'ils n'existaient pas (ils affirment que les tics disparaîtront comme ils sont venus), d'autres, qui considèrent que les tics nerveux sont une sorte d'appel à l'aide lancé par des enfants et des adolescents inquiets, angoissés, fatigués et hyperémotifs, conseillent plutôt d'en parler avec le tiqueur afin de régler le ou les problèmes sous-jacents à cette affection et de tenter d'orienter plus positivement ce qui semble être un trop-plein d'énergie.

La fatigue, les émotions fortes (l'intensité d'une émotion étant variable selon le tempérament du tiqueur) et bien d'autres facteurs peuvent accroître l'intensité des tics.

• En réflexologie

Points réflexes:
zones importantes: cou et colonne vertébrale
glandes endocrines: surrénales + plexus solaire
organes: diaphragme, cerveau
zones importantes: cou, colonne vertébrale

ULCÈRE
(gastrique et duodénal)

Un ulcère est une perte de substance de la peau ou d'une muqueuse qui se manifeste sous forme de plaie ou de lésion qui ne cicatrise pas normalement et qui a une évolution chronique.

Il y a deux grands types d'ulcères: les ulcères superficiels (peau et muqueuses) et les ulcères profonds (organes). Dans ce second type, c'est surtout au niveau de l'appareil digestif qu'ils apparaissent. C'est de ces derniers qu'il sera question ici. Mais d'abord, quelques mots sur l'estomac.

L'estomac est une poche musculeuse, très solide et extensible. Il est situé dans la partie supérieure gauche de la cavité abdominale et de la région épigastrique (communément appelée creux de l'estomac), entre l'œsophage et le duodénum (partie initiale de l'intestin grêle accolée à la paroi abdominale). Pour expliquer très sommairement sa fonction, disons qu'il reçoit la nourriture de l'œsophage, qu'il la transforme et l'achemine ensuite à l'intestin en traversant d'abord le duodénum.

La cause des ulcères de l'appareil digestif est une hypersécrétion de l'acide contenu dans le suc gastrique; cependant, sur la cause même de cette hypersécrétion, les avis sont partagés. D'une part, certains prétendent que l'hypersécrétion provient de l'alimentation (thé, café, alcool) et, d'autre part, bon nombre de scientifiques affirment maintenant qu'elle provient (en majeure partie, tout au moins) des émotions comme celles provoquées par le stress, la rancune, la rage, le refoulement, l'animosité, le ressentiment, etc.

Les deux ulcères d'organes les plus fréquemment observés sont l'ulcère de l'estomac et l'ulcère du duodénum. Ils touchent environ 15 % de la population et dans 80 % des cas, les personnes qui en ont été victimes le verront récidiver.

L'ulcère d'estomac est trois fois moins fréquent que l'ulcère du duodénum et touche tant les femmes que les hommes.

• Symptômes

Les symptômes de l'ulcère gastrique sont les sensations de brûlures, de lourdeurs et de ballonnements. La personne qui en souffre éprouve de vives fringales, une sensation aiguë de faim. Puis, il arrive souvent qu'après quelques bouchées seulement, la faim disparaisse; viennent les crampes sourdes ou violentes, les gaz intestinaux, les nausées et, parfois, les vomissements. La douleur est quelquefois soulagée (très temporairement) par le fait de manger ou de boire.

L'ulcère du duodénum se développe essentiellement chez l'homme et représente 90 % des ulcères (de l'appareil digestif) diagnostiqués.

• **Symptômes**

Dans le cas de l'ulcère duodénal, les douleurs sont intermittentes, récurrentes et se produisent généralement entre les repas. Il arrive également que la douleur se produise la nuit alors que l'estomac est vide.

Dans un cas comme dans l'autre, les personnes victimes d'ulcère deviennent souvent agressives à cause de la douleur qui semble ne jamais disparaître.

• **En réflexologie**
Points réflexes:
glandes endocrines: surrénales, pancréas + plexus solaire
organes: diaphragme, estomac, intestin

VARICE

Les varices sont des veines d'abord déficientes en fibres musculaires, puis dilatées (généralement de façon permanente), qui présentent toujours une paroi détériorée et qui, sinueuses, se forment en grappes noueuses.

La grossesse favorise l'apparition des varices tant au rectum (hémorroïdes) qu'aux jambes.

• **Symptômes**

Les petites varices isolées sont rarement douloureuses. Cependant, plus celles-ci sont grosses ou gagnent du terrain, plus elles risquent de causer, outre un sentiment de mal-être sur le plan esthétique, de l'enflure, de la lourdeur et de la douleur.

Il arrive qu'une varice, à cause d'une dilatation excessive, éclate, provoquant alors une forte hémorragie.

• **En réflexologie**

Points réflexes:
glandes endocrines: surrénales, pituitaire (hypophyse), pancréas, thyroïde
organes: cœur, foie, intestin

ZONA

Le zona est une maladie contagieuse, d'origine virale, qui se caractérise par une éruption de vésicules (groupées en bouquets), disposées sur le trajet des nerfs sensitifs (voir Névrite à la page 87) et toujours de façon unilatérale, c'est-à-dire d'un seul côté du corps. En fait, le zona est la réémergence du virus de la varicelle.

Certains auteurs affirment que le zona ne peut apparaître qu'une seule fois dans la vie mais, à ce sujet, il semble que les avis soient partagés.

Il n'y a pas d'âge pour être victime du zona, mais il semble que plus la personne avance en âge, plus la douleur, *avant* l'éruption cutanée, est aiguë, violente, intense et lancinante. Par ailleurs, chez certaines personnes, cette maladie passe presque inaperçue, signalée seulement par quelques élancements très brefs avant l'éruption des rougeurs.

De façon générale, le zona ne laisse pas de traces (sauf dans les cas de zona gangréneux) autres que des douleurs à la palpation de la région du corps touchée par la maladie.

Quelquefois, le zona, celui qu'on qualifie d'ophtalmique, attaque la cornée de l'œil et peut conduire à la cécité. Mais, le plus souvent, le zona se localise au niveau de la cage thoracique (dans le dos ou sur la poitrine) et porte différents épithètes comme intercostal, lombaire, etc.

• En réflexologie

Points réflexes:
zone importante: colonne vertébrale
glandes endocrines: surrénales, thymus, pituitaire (hypophyse)
organe: diaphragme

CHAPITRE 6

COMMENT AGIR
SUR LES POINTS RÉFLEXES

Avant d'entreprendre les manipulations suggérées dans le chapitre précédent, voici quelques derniers conseils pratiques pour faire en sorte que la manipulation de ces points réflexes vous soit bénéfique.

- Ne travaillez jamais sur les points réflexes avec les ongles longs. Prenez soin, avant le traitement, de les couper courts (au niveau de la peau du bout des doigts). Non seulement les ongles pourraient causer des douleurs, mais aussi le traitement ne serait d'aucune efficacité. Si vous êtes de celles et de ceux qui tiennent à leurs ongles longs, dites-vous bien qu'ils repousseront. Votre bien-être physique vaut très certainement ce petit sacrifice.

- Pour un premier examen, massez doucement et lentement les deux pieds ou les deux oreilles afin de repérer les points douloureux.

- Étudiez ensuite attentivement les illustrations et repérez vos points douloureux afin de découvrir où se situent les réflexes.

- Massez en exerçant quatre ou cinq pressions consécutives. Quelquefois, les résultats sont instantanés, immédiats. Toutefois, il arrive qu'il faille plus d'une manipulation pour obtenir les résultats escomptés. Vous

referez alors le massage (quelques pressions consécutives) de deux à quatre fois par jour jusqu'à l'obtention
du soulagement.

• Certaines affections requièrent le déblocage de plusieurs
canaux d'énergie (voir le chapitre 4 à la page 31). Toutefois, il est recommandé de ne jamais en masser plus de
trois par séance. Vous n'avez qu'à choisir parmi les points
réflexes qui vous sont suggérés.

• Dès qu'il y aura amélioration, vous pourrez réduire les
séances de massage à deux ou trois fois par jour, trois
fois par semaine, pendant environ deux semaines. Vous
pouvez par la suite cesser complètement les traitements
en continuant toutefois de travailler à soigner la cause de
ce problème (si vous avez réussi à la trouver, bien entendu).

• Pour les maux chroniques, les traitements doivent se faire
ponctuellement de deux à quatre fois par semaine.

• Pour commencer, et tant que vous ne vous sentirez pas
parfaitement à l'aise dans cette technique, limitez-vous à
soulager une douleur à la fois et ne stimulez jamais plus
de trois points.

• La pression doit être rythmée et faite avec une force
moyenne/douce. En réalité, les touchers doivent être
subtils, fermes, soutenus et légers à la fois, toujours suivis
d'une lente reptation sur les points sensibles (c'est-à-dire
des mouvements rampants, glissants, qui rasent la peau,
qui ne se détachent jamais d'elle). Ce que vous ressentirez
lors de la stimulation des points réflexes vous indiquera
s'il y a mauvaise circulation d'énergie ou non. Quels que
soient les réflexes que vous stimulerez, la façon de pro-
céder sera toujours la même. S'il y a douleur, c'est qu'il y
a blocage d'énergie. Lorsque tous les canaux d'énergie se-
ront débloqués, vous retrouverez une forme que vous
n'aviez sans doute pas connue depuis bien longtemps!

• En réflexologie, c'est surtout le pouce qui est mis à contri-
bution bien que, occasionnellement, les autres doigts
soient également sollicités.

- Histoire de ne pas nuire au processus digestif, attendez environ une heure après avoir mangé pour pratiquer un massage réflexologique. En outre, il est fortement recommandé de boire beaucoup d'eau après chaque traitement. Ceci s'explique par le fait que le massage des points réflexes, en favorisant une meilleure circulation d'énergie et du sang, encourage et facilite l'élimination des déchets de l'organisme. Donc, pour éviter que ces déchets aillent se loger ailleurs, activez votre propre système d'élimination en buvant beaucoup d'eau.

- Pour faire de la réflexologie une méthode de prévention et pour tirer profit de ses bienfaits même en l'absence de douleurs quelconques, offrez-vous des séances complètes une ou deux fois par mois ou, tout au moins, à chaque changement de saison. Cela vous permettra d'entretenir votre santé comme vous le feriez d'un jardin aimé et d'être en mesure de prévoir, de prévenir l'irruption de toutes maladies, puisque celles-ci se manifesteront d'abord par des points réflexes douloureux au toucher.

- Lorsque vous pratiquerez la réflexologie pour la première fois (sur vous ou sur une personne de votre entourage), massez toutes les zones réflexes afin de déceler un mal existant ou un malaise potentiel. Si aucune douleur n'est ressentie, c'est que tous les organes fonctionnent bien et qu'il y a équilibre au niveau de la circulation de l'énergie. Cela ne veut toutefois pas dire qu'il faille abandonner cette technique de soin. Au contraire! Utilisez-la de façon ponctuelle pour connaître l'état de votre circulation énergétique. Si, par ailleurs, un point réflexe provoque de la douleur, alors il est important de s'y arrêter, de voir à quel organe correspond ce point et de lui appliquer le traitement requis.

- Vous devez veiller à ne pas vous arrêter qu'aux symptômes et chercher activement la cause de ce dérèglement, de ce déséquilibre énergétique.

- Il est souhaitable de ne pas arrêter les manipulations aussitôt que la douleur disparaît. Il est préférable de faire deux ou trois traitements supplémentaires afin d'éviter la réapparition du mal. Dès que la douleur a disparu et que vous sentez au toucher que l'énergie a repris sa libre circulation, vous pouvez espacer les séances de deux ou trois semaines.

- La réflexologie n'entraîne généralement aucun effet secondaire, sauf peut-être ceux provoqués par toutes les formes de médecines douces et naturelles lorsque le corps recouvre la santé et que l'on nomme les effets de la crise de guérison. Il s'agit de symptômes et de signes tout à fait normaux qui apparaissent lorsque l'organisme se libère de ses toxines. Comme celles-ci voyagent par les vaisseaux sanguins avant d'être éliminées, elles causent, en circulant dans le flot sanguin, divers malaises, généralement très bénins tels que des maux de tête, des éruptions cutanées ou une fièvre légère. En outre, lorsque vous commencerez à pratiquer la réflexologie, vous éprouverez peut-être la sensation d'avoir moins d'énergie qu'auparavant. C'est une fausse impression. L'énergie est toujours présente mais utilisée de façon différente. Vous vivez tout simplement une réallocation d'un certain volume d'énergie nécessaire pour rétablir convenablement la circulation de celle-ci. La faiblesse ressentie est toujours passagère.

- La réflexologie est un type de massage et pour un maximum de bien-être et de résultats positifs, il faut la pratiquer dans la tradition des massages. En effet, on ne se prépare pas à un massage comme on se prépare pour aller faire des courses. Il vaut toujours mieux y mettre une certaine forme ou, tout au moins, s'y préparer mentalement.

- L'aspect le plus important est d'abord d'en avoir envie: envie de se masser ou de masser quelqu'un d'autre dans le but de procurer, au corps massé, le soulagement d'une douleur et, par conséquent, l'accroissement du bien-être.

Choisissez d'abord un endroit calme, chaleureux, accueillant, douillet, là où il y aura un minimum de bruits extérieurs. Veillez à ce que la température de la pièce soit confortable. Bâtissez-vous un petit rituel à votre goût. Si vous le désirez, mettez-vous une musique d'ambiance. Celle-ci ne sera pas nécessairement de la musique classique, mais il est toujours préférable de choisir des pièces strictement musicales et douces afin de calmer et de relaxer le système nerveux. Tamisez les lumières ou allumez une bougie; faites brûler un bâtonnet d'encens ou versez quelques gouttes d'une huile essentielle relaxante dans le diffuseur. Bref, ne faites pas de vos massages réflexologiques une corvée à expédier. Détendez-vous. Le massage est un langage. Qu'il s'adresse à vous ou à une autre personne, il mérite d'être accompli dans le plus grand respect du corps, de l'esprit et de l'âme.

- Il est possible que les massages réflexologiques engendrent des réactions émotionnelles, car le corps et les émotions sont intimement et inextricablement liés. À cet égard, il faut savoir être à l'écoute de soi (ou de l'autre si le massage est fait à quelqu'un d'autre). Il ne faut pas fuir les situations chargées d'émotions même si, pour certaines personnes, elles sont très difficiles à assumer et à négocier.

LES CONTRE-INDICATIONS

- La partie du corps dont vous utiliserez les points réflexes ne doit pas présenter de lésions, de blessures ou de plaies.

- Il n'est pas recommandé de masser les réflexes des testicules des garçons de moins de dix ans, pas plus que ceux des ovaires des fillettes du même âge (ces réflexes sont situés sur l'extérieur du talon des pieds).

- De façon générale, il n'est pas recommandé de pratiquer la réflexologie sur la femme enceinte, car les effets sont parfois très puissants et risquent de perturber le cours normal de la grossesse. Cependant, à ce sujet, les opinions sont partagées.

• Il faut éviter la réflexologie durant les règles, car elles pourraient être plus abondantes.

• Les personnes souffrant de diabète, d'épilepsie, d'ostéoporose, de certaines formes d'arthrite et de certaines maladies cardiaques doivent être très prudentes dans l'utilisation de la réflexologie.

NOTE: Il suffit parfois d'une seule séance pour rétablir le flux énergétique. Parfois, il en faut deux ou trois pour ressentir un début d'amélioration. Dites-vous bien que plus la douleur est «vieille», plus le traitement pour la soulager risque d'être long. Soyez patient et persévérant. Cependant, si, au bout de six ou huit traitements, il n'y a aucun soulagement, vous devrez sans doute vous résoudre à utiliser une autre médecine douce.

CHAPITRE 7

LES POINTS RÉFLEXES
EN UN COUP D'ŒIL

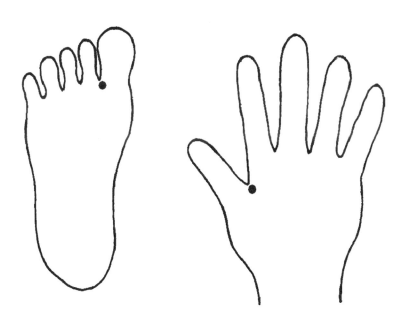

1.   AMYGDALES

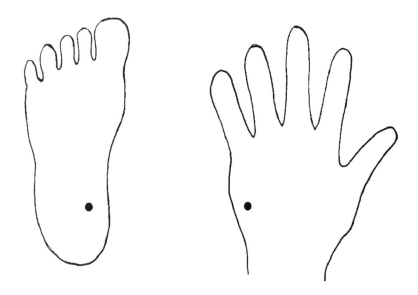

2. APPENDICE

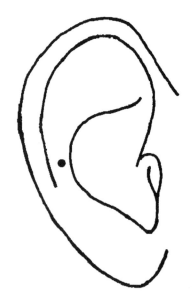

3. ARTICULATIONS

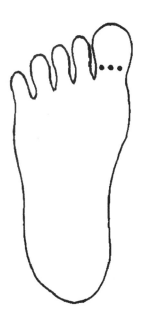

4.   BOUCHE

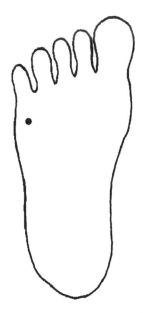

5.   BRAS

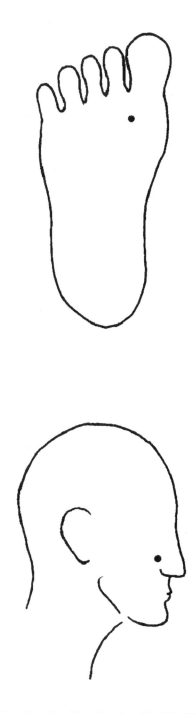

6. BRONCHES

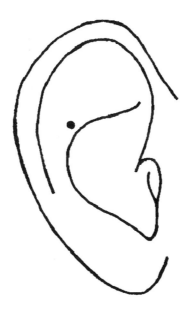

7.   CAGE THORACIQUE

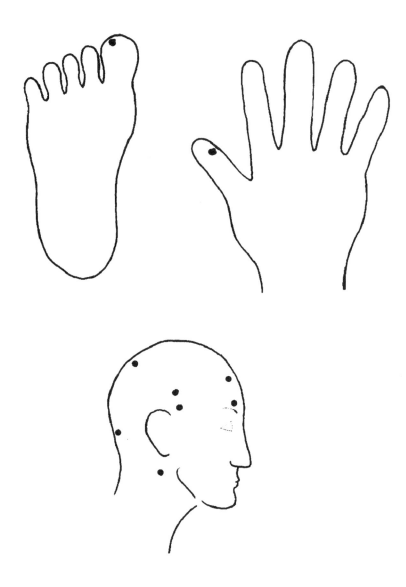

8.   CERVEAU

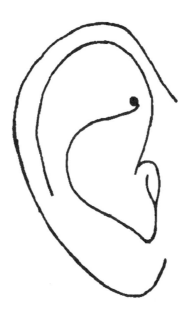

9. CHEVILLES

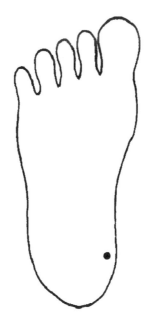

10. COCCYX

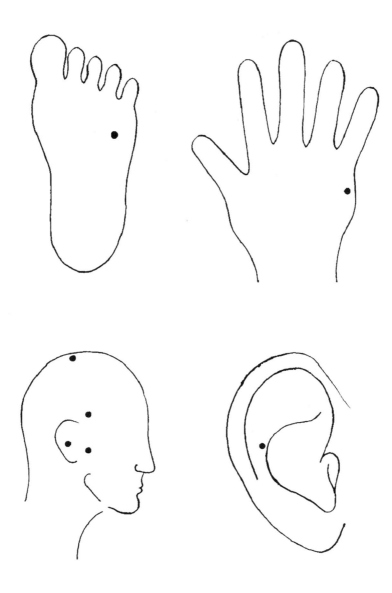

11. CŒUR

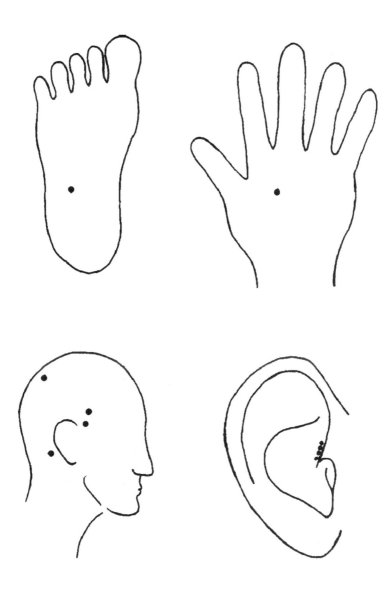

12. CÔLON ASCENDANT

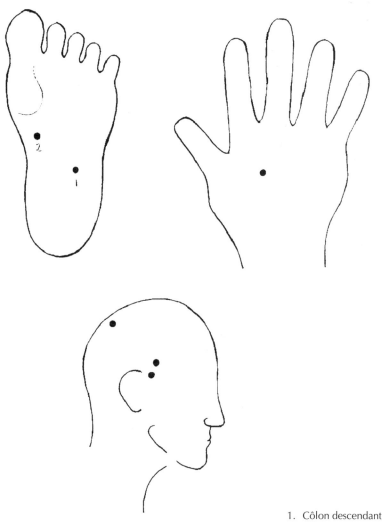

1. Côlon descendant
2. Côlon transverse

13. CÔLON DESCENDANT ET TRANVERSE

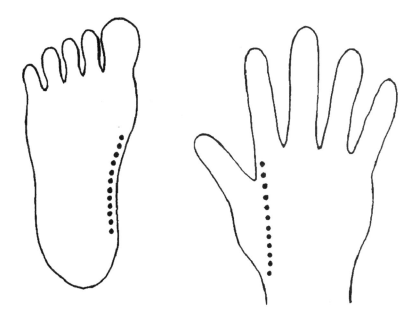

14. COLONNE VERTÉBRALE

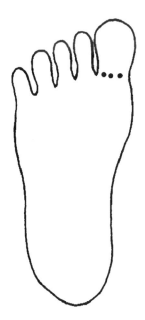

15. COU

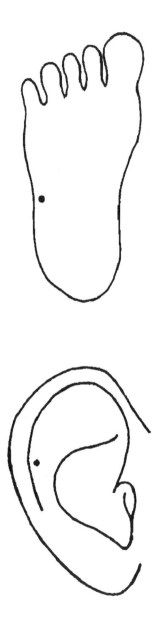

16. COUDES

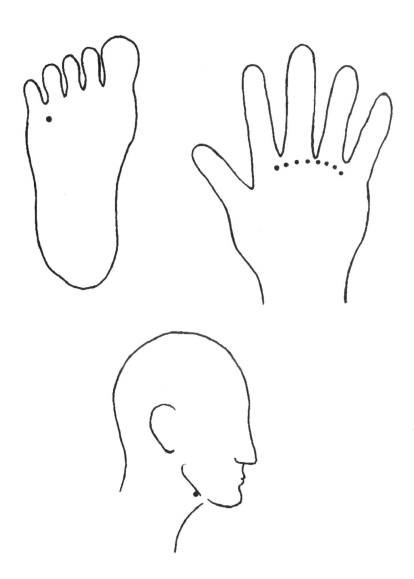

17. DENTS

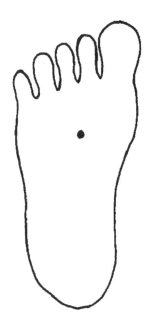

18. DIAPHRAGME

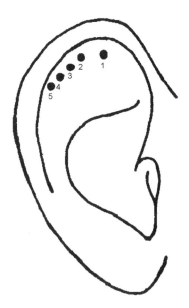

1. Pouce
2. Index
3. Majeur
4. Annulaire
5. Auriculaire

19. DOIGTS

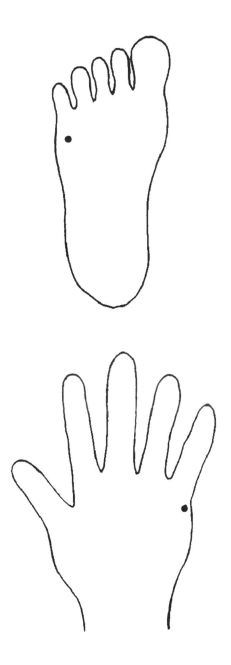

20. ÉPAULES

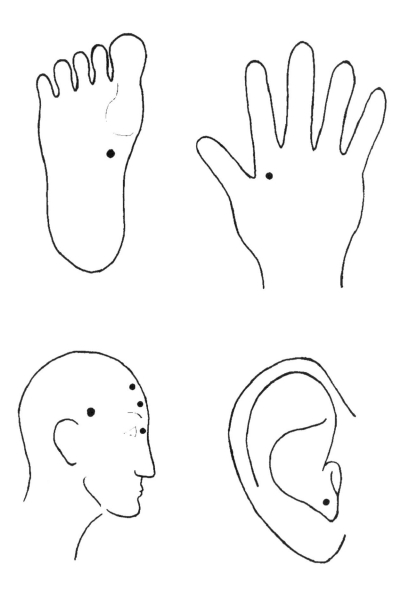

21. ESTOMAC

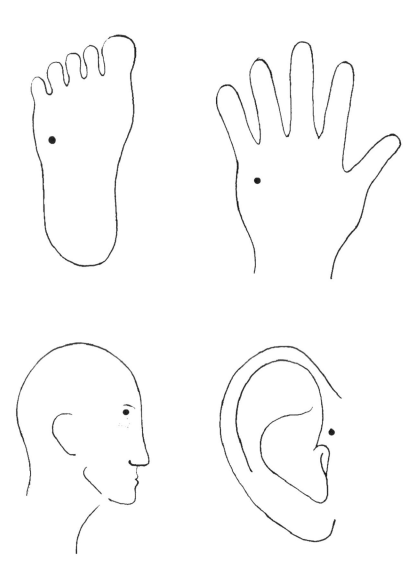

22. FOIE

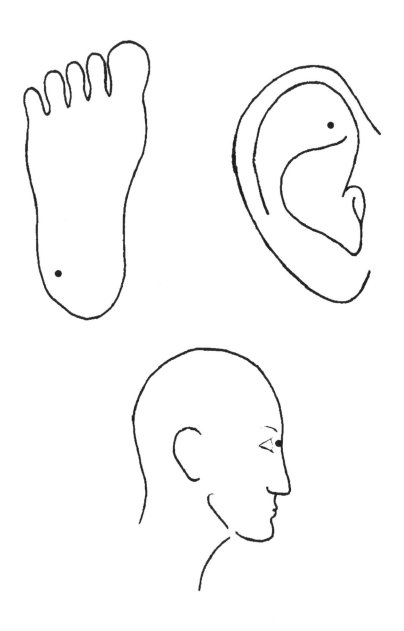

23. GENOUX

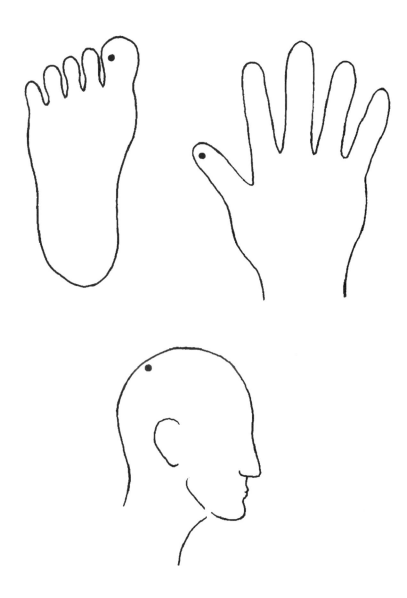

24. GLANDE PINÉALE (ÉPIPHYSE)

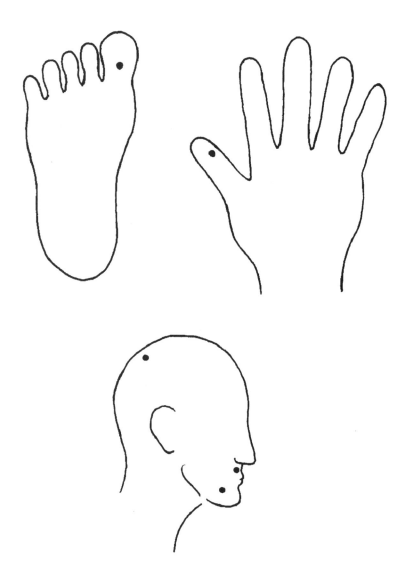

25. GLANDE PITUITAIRE (HYPOPHYSE)

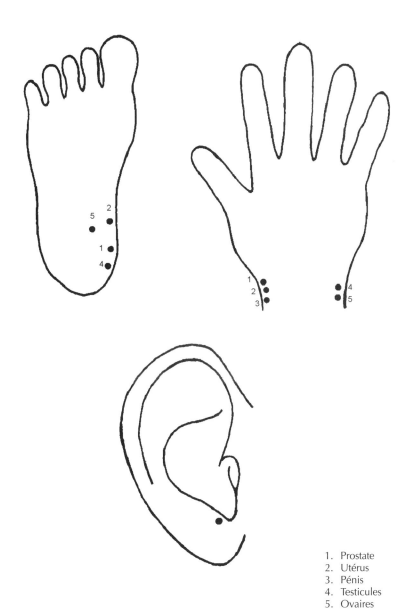

1. Prostate
2. Utérus
3. Pénis
4. Testicules
5. Ovaires

26. GLANDES SEXUELLES

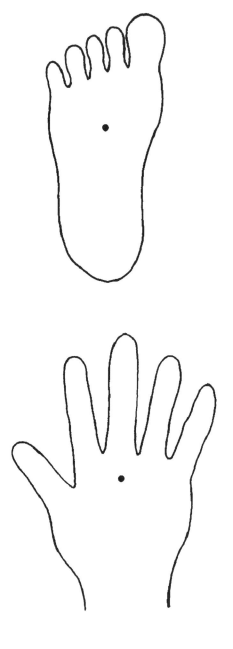

27. GLANDES SURRÉNALES

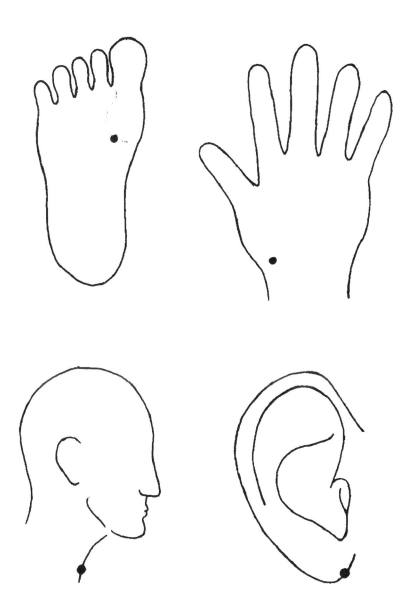

28. GLANDE THYROÏDE

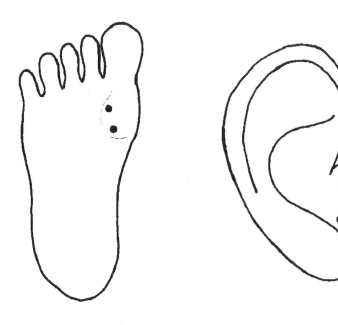

29. GLANDES PARATHYROÏDES

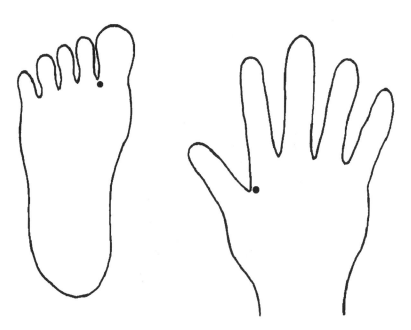

30. GORGE

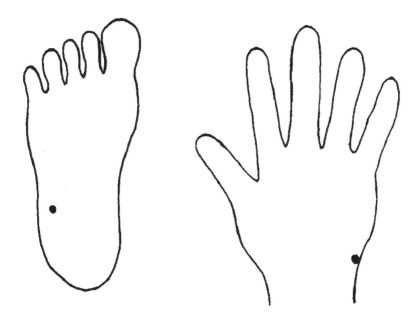

31. HANCHE

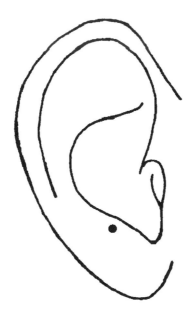

32. HYPOTHALAMUS ET THALAMUS

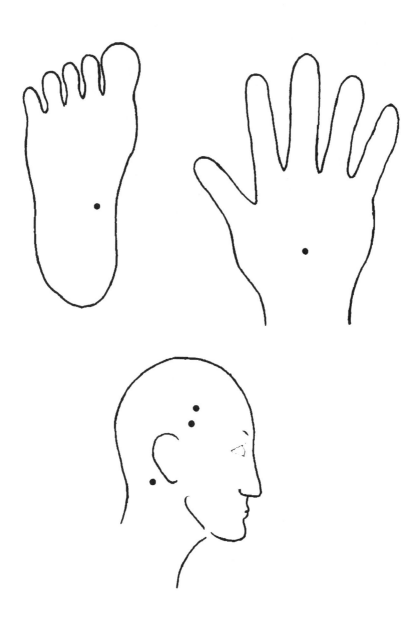

33. INTESTIN

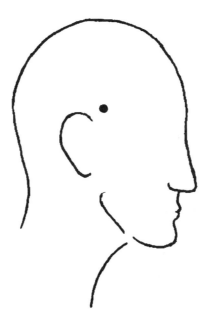

34. MOELLE ÉPINIÈRE

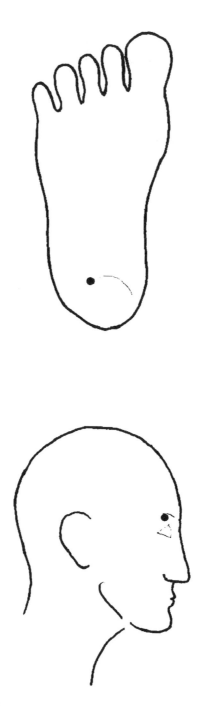

35. NERF SCIATIQUE

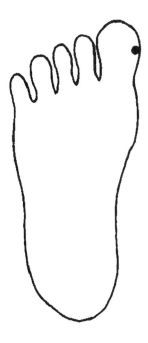

36. NEZ

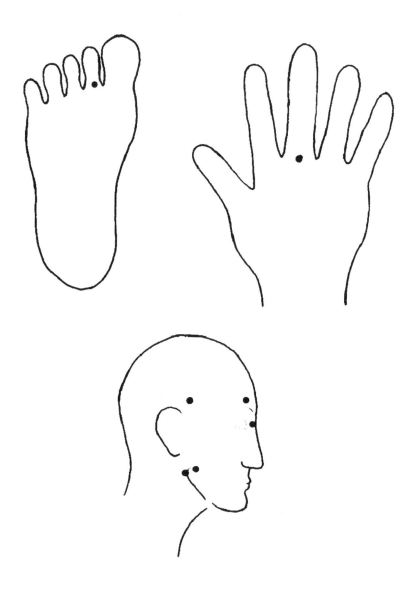

37. YEUX

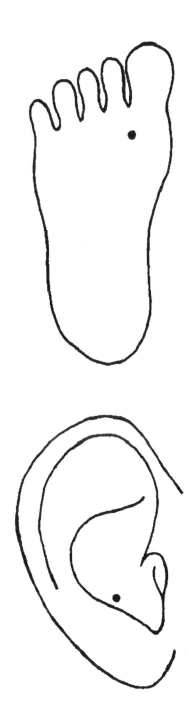

38. ŒSOPHAGE

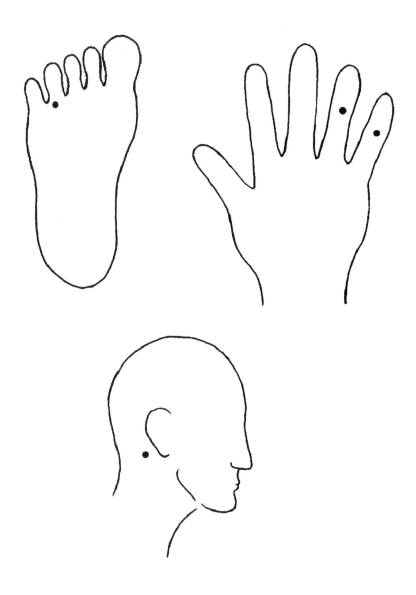

39. OREILLES

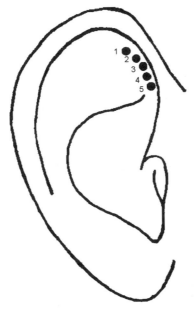

1. 1er orteil (gros orteil)
2. 2e orteil
3. 3e orteil
4. 4e orteil
5. 5e orteil

40. ORTEILS

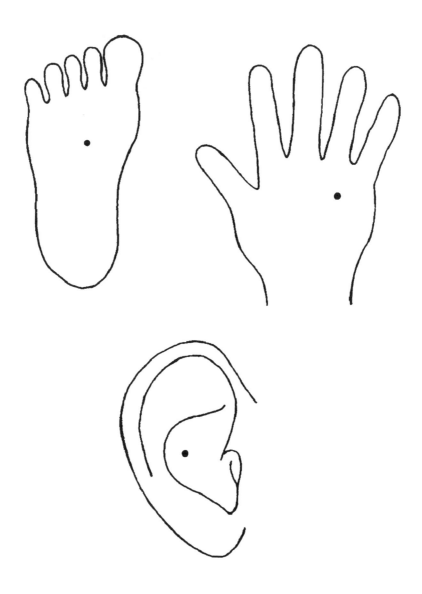

41. PANCRÉAS

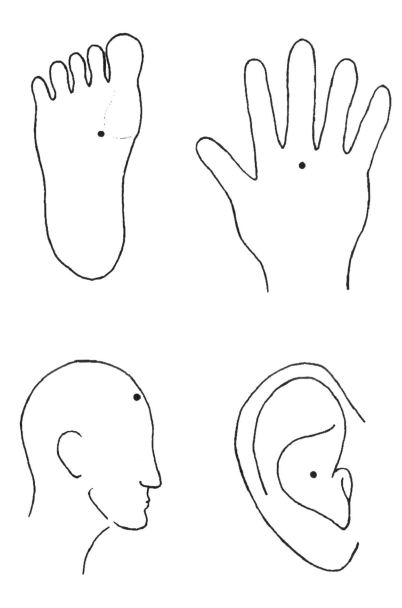

42. PLEXUS SOLAIRE

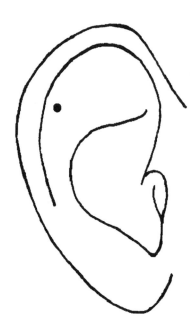

43. POIGNETS

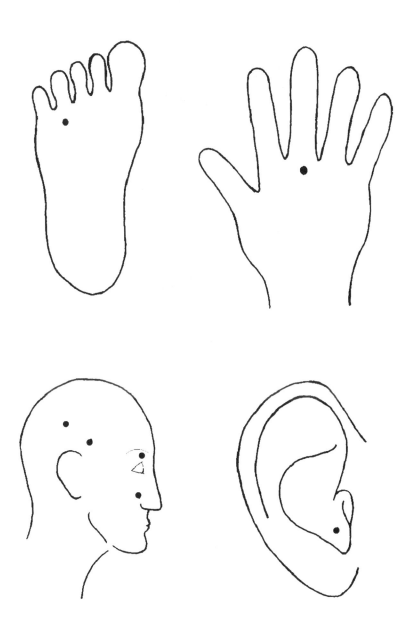

44. POUMONS

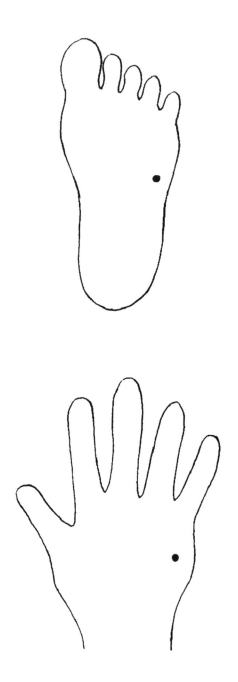

45. RATE

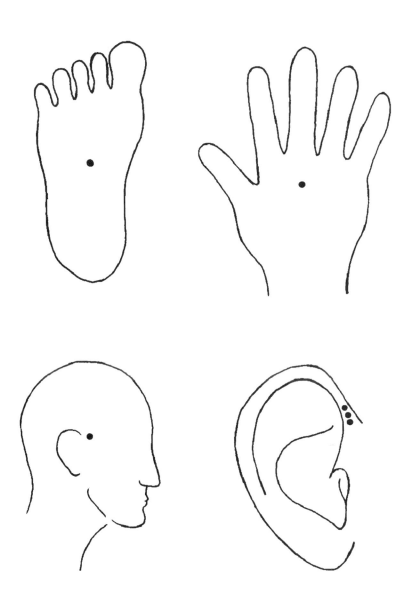

46. REINS

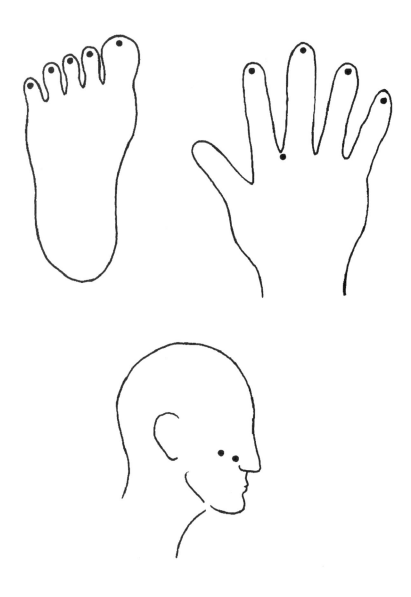

47. SINUS

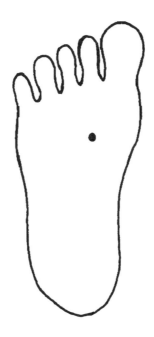

48. THYMUS

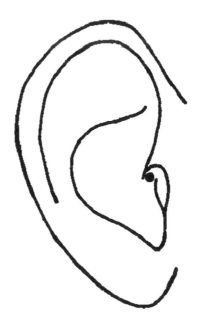

49. TRACHÉE

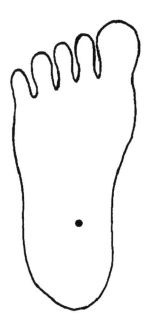

50.   TROMPES DE FALLOPE

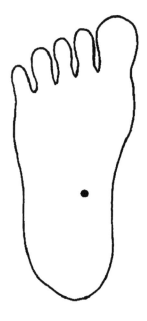

51.   URETÈRE

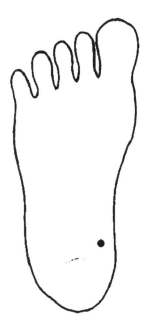

52. VALVE ILÉOCÆCALE

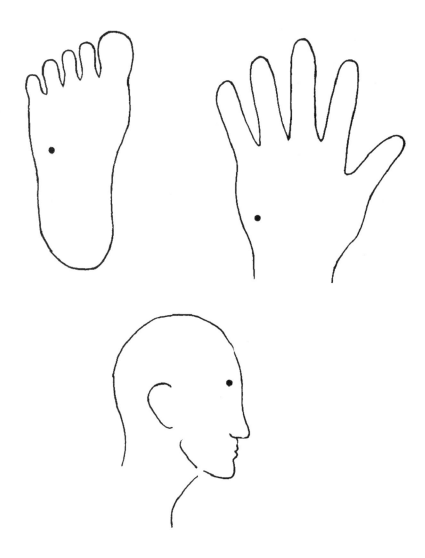

53. VÉSICULE BILIAIRE

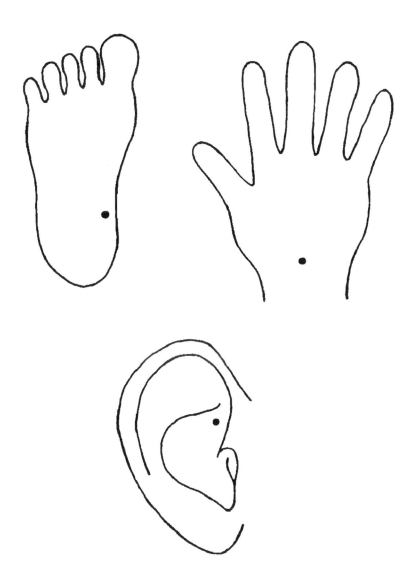

54. VESSIE

BIBLIOGRAPHIE

BRADFORD, Nikki (sous la direction de). *Le guide des médecines complémentaires*, Paris, Éditions Celiv, 1997.

DESJARDINS, Dr Édouard et TALBOT, Normand (sous la direction de). *La médecine au foyer*, Montréal, Éditions Grolier, 1979.

FONTAINE, Janine. *La médecine du corps énergétique*, Paris, Éditions Api, 1973.

HAINEAULT, Sylvie. *Les vertus thérapeutiques des agrumes*, Outremont, Éditions Quebecor, 1999.

LEWITH, Dr Georges T. *Mieux connaître l'acupuncture*, Montréal, Éditions Québec/Amérique, 1987.

MacGAREY, Dr William A. *Les remèdes d'Edgar Cayce*, Outremont, Éditions Quebecor, 1989.

PELLETIER, Geneviève. *Les vertus de l'ail*, Outremont, Éditions Quebecor, 1999.

PIERPAOLI, Walter et REGELSON, William. *Le miracle de la mélatonine*, Paris, Éditions Robert Laffont, 1995.

SÉLECTION DU READER'S DIGEST. *Guide familial des médecines alternatives*, Paris, Éditions Sélection du Reader's Digest, 1993.

TURGEON, Madeleine, N. D. *Découvrons la réflexologie*, Boucherville, Éditions de Mortagne, 1980.

TURGEON, Madeleine, N. D. *Énergie et réflexologie*, Boucherville, Éditions de Mortagne, 1985.

TABLE DES MATIÈRES